贝蒂·弗里丹：个人即政治

Betty Friedan: The Personal Is Political

[美] 苏珊·奥利弗 / 著

Susan Oliver

钱亚楠　黄诗韵 / 译

上海社会科学院出版社

SHANGHAI ACADEMY OF SOCIAL SCIENCES PRESS

目　录

编者前言 ……………………………………… 1

作者前言 ……………………………………… 3

鸣谢 …………………………………………… 5

1　犹在镜中 …………………………………… 1

2　探索精神生活 …………………………… 17

3　为革命工作 ……………………………… 31

4　家庭的束缚 ……………………………… 45

5　揭开奥秘 ………………………………… 62

6　不情愿的女英雄 ………………………… 79

7　未完成的革命 ………………………… 101

8　超越两性对立 ………………………… 121

9　女权主义的新领域 …………………… 143

附录1　美国全国妇女组织宗旨宣言(1966 年) …… 165

附录2　美国全国妇女组织妇女权利法案(1968 年)

…………………………………… 172

学习与讨论问题 ………………………… 174

资料来源 ………………………………… 182

编 者 前 言

有些人的人生偏偏非常不幸地因他们所取得的成就而蒙上阴影。杰出作家哈丽雅特·比彻·斯托（Harriet Beecher Stowe）即为一例，她的作品《汤姆叔叔的小屋》（*Uncle Tom's Cabin*）改变了人们对奴隶制的看法。据说亚伯拉罕·林肯（Abraham Lincoln）会见她时曾说："你就是那个写出引发这场大战的书的小女子。"而斯托从未摆脱她最负盛名的作品所留下的强大影响力。

贝蒂·弗里丹也遭受了相似的命运。她的《女性的奥秘》（*The Feminine Mystique*）（1963年）对20世纪中期的家庭生活进行了尖刻控诉，甫一出版就成了畅销书。尽管此书没有引发一场战争，但的的确确引发了现代的女权运动。就社会影响力而言，这本书堪称20世纪下半叶最重要的非小说类作品。

尽管多数受过教育的人都知道弗里丹的书，但她的生活却鲜为人知。比如，当读者在《牛津美国历史大辞典》（*Oxford Companion to United States History*）的索引中检索"弗里丹"，仅能查到《女性的奥秘》一书。弗里丹的书远比她的人生更具影响力，这在某种程度上是因为她把自己定位为一个只在家庭生活中寻求满足感的中产阶级家庭产妇，她这么做的目的是推销自己的作品。

事实远非如此。弗里丹在小时候就很渴望被关注。在史密斯学院，她非常热衷激进运动；此后，她成为了一名劳工记者，勤勉工作，投身左倾事业。出版了《女性的奥秘》后，她积极投身政治活动以保障女性在美国社会生活中获得平等的地位。

弗里丹是一个性格复杂的天才，她在生命中开拓出了自己的道路；这是痛苦的、艰难的，但最终是令人振奋的。苏姗·奥利弗（Susan Oliver）的这部传记感情细腻，不仅展现了弗里丹的个人经历如何影响她的政治生涯，也展现了她的政治生涯如何改变了美国。

关于这一点，奥利弗以自己的个人经历为例。她23岁时第一次读了《女性的奥秘》。当她离开大学，结婚4年并养育了3个小孩之时，她回忆道："我感到被困住了。"但当她读了弗里丹的经典作品后，她意识到其他女性亦同样感到"被困住"，和弗里丹一样，她们也在找一条出路。在此后的8年间，奥利弗在乔治·华盛顿大学（George Washington University）完成了她的学士学位课程，有时一学期仅修一门课。她坚称自己的成就"是因贝蒂·弗里丹而成为可能"。奥利弗之后从加州大学洛杉矶分校（University of California, Los Angeles）取得历史学博士学位。她现在是洛杉矶地区喜瑞都学院（Cerritos College）的历史学教授。

马克·C.卡恩斯（Mark C. Carnes）

作　者　前　言

　　在当前的女性史和女性研究的文献中,贝蒂·弗里丹的冲击力和影响力还未得到充分的审视和肯定。弗里丹如被提及,多因她写了《女性的奥秘》并与别人共同创建了全国妇女组织(National Organization for Women)。这一疏忽致使人们忽略了她所作出的巨大贡献——为女性争取权利;贝蒂·弗里丹不懈地提倡,全体女性,不论其婚姻状况、肤色、社会阶级和性取向(尽管对此的倡议有些迟),在美国社会中都应享有完全的平等和公正。对她而言,这是为女性争取完全的平等,是尚未完成的革命。这正是 50 年政治生涯中她作为一名作家和女权主义者的动力。她的努力使如今的男人和女人在更大程度上实现了平等和公正。

　　《贝蒂·弗里丹:个人即政治》使弗里丹在第二波女权运动中更受关注。这本传记对弗里丹所作的评价客观而全面,并引用了她的著作和与她有关的作品。本书描写了弗里丹为使女性在美国社会中不再被当作二等公民而作的不懈努力,她也意识到女性要取得平等的地位须实现公共政策的改变。为了体现她的活动范围,弗里丹不仅在 20 世纪 60 年代与别人一起创立了全国妇女组织,还在她人生的最后十年中指导实施由福特基金会(Ford Foundation)资助 100 万美元的项目"新范式:女性、男性、工作、家庭和公共政策"。因此,就本书的视野和分析而言,本书把弗里丹和第二波女权运动放在 60

年代至 70 年代间的社会改革运动的背景下，描述了在 80 年代保守派人士强烈反对女权主义之际，她是如何确保女性的权利的。

2002 年，在新版《女性的奥秘》的序言中，弗里丹反思了她一生努力的意义："在三十余年里，女性突破了女性的奥秘去参与政治和经济，在主流社会中获得了权力，但她们还是不能和男人一样，只是被允许在公共场合表达一些过去只能在私人场合才能表达的价值观。"为了证明她的观点，她接着指出"我们必须反抗的奥秘正凭借新的力量和激情，在家庭和社会层面上……扭曲女性现有的真正的价值观。由此，她们正改变着政治和个人层面上的婚姻和家庭，也改变着与男性一同承担的家庭和社会"。弗里丹相信，她和其他人"从意识走向行动再回到意识"，从而形成了一种"个人即政治，政治即个人的新观点"。

2006 年 2 月 4 日，贝蒂·弗里丹在她 85 岁生日之际逝世。今天，历史学家和女权主义者、朋友和敌人、老人和年轻人都开始评估她的遗产。有关贝蒂·弗里丹的研究和历史文献开始增加。若要获悉最新的研究成果，拓展有关弗里丹的原始资料，支持在大学课堂上使用这本传记，请参阅我的网站 http：//www.cerritos.edu/soliver。

苏珊·奥利弗

鸣　谢

　　写作是一项孤独的任务，而写一本书则需要大家共同努力。很多重要人物都对这本书的完成作出了贡献。培生朗文出版公司(Pearson Longman)的总编迈克尔·博埃齐(Michael Boezi)鼓励我提交一份提纲，并一直支持我的工作。"美国传记图书馆"系列的编辑马克·卡恩斯提出的批评很有见地，也非常重要，并在关键时刻给予我鼓励。编辑助理瓦妮莎·金纳雷利(Vanessa Gennarelli)对本书的激情始终如一。更重要的是，她是一位经验丰富、有洞察力的编辑，她的评论和意见使这本传记更为出色。最后，在出版过程中，安妮·莱塞(Anne Lesser)和巴比瑟·巴兰(Babitha Balan)以她们的专业知识为这部手稿润色。

　　我也要感谢那些阅读过我的手稿并加以推荐的人们。他们是南马里兰学院(College of Southern Maryland)的克里斯蒂娜·阿诺德-劳里(Christine Arnold-Lourie)、得克萨斯州立大学圣马科斯分校(Texas State University-San Marcos)的玛丽·C. 布伦南(Mary C. Brennan)、阿勒格尼县社区学院(Community College of Allegheny County)的杰奎琳·M. 卡瓦列(Jacqueline M. Cavalier)、佐治亚沿海社区学院(Coastal Georgia Community College)的琼·乔特(Jean Choate)、得克萨斯州立大学阿灵顿分校(University of Texas at Arlington)的斯蒂芬妮·科尔(Stephanie Cole)、瑞福德大学(Radford

University)的玛丽·费拉里(Mary Ferrari)、奥扎克斯理工社区学院(Ozarks Technical Community College)的杰茜卡·杰勒德(Jessica Gerard)、夏威夷太平洋大学(Hawaii Pacific University)的艾利森·J.高夫(Allison J. Gough)、锡斯科初级学院(Cisco Junior College)的辛西娅·约翰逊(Cynthia Johnson)、阿肯色州立大学(Arkansas State University)的谢丽丝·琼斯-布兰奇(Cherisse Jones-Branch)、圣路易斯社区学院梅勒梅克分校(St. Louis Community at Meramec)的谢利·L.莱蒙斯(Shelly L. Lemons)、布莱思特大学(Bryant University)的朱迪·巴雷特·利托夫(Judy Barrett Litoff)、中央阿肯色大学(University of Central Arkansas)的金伯利·利特尔(Kimberly Little)、中央密歇根大学(Central Michigan University)的凯瑟琳·托宾(Catherine Tobin)、佛罗里达国际大学(Florida International University)的钱特尔·E.维纳(Chantalle F. Verna)和肯特州立大学(Kent State University)的雪莉·特雷莎·瓦伊达(Shirley Teresa Wajda)。

此外，亚瑟和伊丽莎白·施莱辛格美国妇女史图书馆(Arthur and Elizabeth Schlesinger Library on the History of Women)的戴安娜·卡里(Diana Carey)和劳里·埃利斯(Laurie Ellis)也为我的工作提供了方便。我经常需要从贝蒂·弗里丹的论文中检索资料，她们总是快速、积极地回复我的请求，即使这意味着需要翻遍好几个箱子。

另外，我幸运地得到了学院管理人员的支持，他们在教学安排方面给予我相当的灵活性，同事们的鼓励对我来说也是意义重大的。我要特别感谢同事苏姗娜·克莱曼斯(Susanna Clemans)，她从行文的清晰度、连贯性和结构方面帮助我校阅手稿；感谢我的朋友洛伊斯·安德鲁斯(Lois Andrews)耐心地聆听我的想法、顾虑，不断地给我希望。感谢我的孩子马克

（Mark）、戴维（David）和莉萨（Lisa），他们是最棒的拉拉队。

　　但我的丈夫拉塞尔·斯托坎（Russell Storkan）所作的贡献尤其巨大。他良好的判断力、不可思议的耐心和无限的慷慨让我健康而快乐。

1

犹 在 镜 中

> 我想恋爱,想被人爱,想被人需要。我想有自己的孩子……然而我知道,我不想只是找个男人嫁了,然后为他操持家务,成为他孩子的母亲,而自己什么也不是。我想为自己的人生做点儿什么——有自己的嗜好,获得成功和名望。
>
> 贝蒂·戈尔茨坦《犹在镜中》(1938 年)
> (Betty Goldstein, "Through a Glass Darkly", 1938)

贝蒂·弗里丹还在高中时就决定了要如何度过她的人生。她想要结婚、生孩子,这都与当时的社会价值观相符。然而,她还想要更多,她想投身那些能够让她获得成就感的活动和职业,最好再能为她带来一定的社会认可。在此后的六十五年里,贝蒂·弗里丹从未动摇过当时的决定,她无法犹豫——她的价值观和抱负早在生命的头十七年里就已经树立了。

1921 年 2 月 4 日,贝蒂·弗里丹出生在美国伊利诺伊州皮奥里亚市的普罗克特医院(Proctor Hospital),起名为伊丽莎白(贝蒂)·娜奥米·戈尔茨坦(Elizabeth (Bettye) Naomi Goldstein),是戈尔茨坦夫妇的第一个孩子。18 个月后,她的妹妹埃米（Amye）出生，1926年，家中又迎来了弟弟小哈里（Harry Jr.）。贝蒂在伊利诺伊州皮奥里亚市度过了她生命的头十七年半，这段生活以及犹太移民女儿的身份都是塑造她孩童时期的认知、学生时代的个性以及成年后在政治上的激进态度的关键因素。

无论过去还是现在，皮奥里亚都被认为是美国传统价值观的阵地，这些传统价值观是从早期的欧洲移民那里一脉相承下来的思想传统——信奉基督教新教，遵循开国者关于自由与平等的政治主张。贝蒂生活在皮奥里亚时，犹太裔及非洲裔美国居民各占10万城市总人口的3%。作为少数族裔，生活在这座城市的犹太人意识到他们必须克制甚至抛除自己的文化、宗教传统而去追求经济上的成功并获得社会认可。贝蒂的父亲哈里·戈尔茨坦（Harry Goldstein）先生显然深知这一点。

哈里·戈尔茨坦（1881～1943）是一个成功的移民。他出生在基辅市附近的小村庄，家里有13个孩子，他是老大。哈里的父母担心发生反犹太人的极端行动（即针对犹太人的有组织的大屠杀），决定离开俄罗斯，哈里也随之来到美国。和许多东欧犹太人一样，戈尔茨坦一家相信美国远离极端的反犹太主义，是安全的天堂，并且他们还能维护自己的不可剥夺的权利。这家人倾尽所有，搬到了密苏里州的圣路易丝市，心里充满了希望。哈里在少年时期就已经决定自食其力并搬到了皮奥里亚。为了挣钱，他推着手推车在市区购物中心的街角叫卖领扣。

戈尔茨坦移居皮奥里亚市显然是一个明智的决定，这是伊利诺伊州的第二大城市，人口逐年扩大，经济基础多元而稳固。二十五六岁时，哈里已经攒够了开珠宝店的钱，店就在他曾经叫卖领扣的地方。他成了家,但妻子几年后就过世了。
(尚未有关于戈尔茨坦第一任妻子的信息。)因为客源稳定,哈
里在三十多岁时就已经在生意上取得了显著的成绩:广告称
戈尔茨坦的商店是"中西部最好的珠宝店"。在贝蒂的记忆
里,这家店就是皮奥里亚市的"蒂芙尼"。

　　贝蒂的妈妈米丽娅姆·莉娅·霍维茨·戈尔茨坦
(Miriam Leah Horwitz Goldstein)(1898～1988)是桑德尔
(Sandor)和伯莎·霍维茨(Bertha Horwitz)的独生女。这夫
妻俩也是犹太人,为了躲过贫困和压迫才离开故土匈牙利的。
19世纪80年代,年轻的桑德尔来到圣路易丝市,进入了医学
院。90年代,他又来到皮奥里亚市自己开业,娶了米丽娅姆的
母亲。第一次世界大战期间,霍维茨医生成为了军医队的一
名中尉。战后,他又加入了美国退伍军人协会(American
Legion)皮奥里亚分会,成为最活跃的成员之一。为了表达他
坚定的爱国主义情怀,霍维茨总在独立日和退伍军人节自豪
地戴上军帽。

　　米丽娅姆·霍维茨在皮奥里亚市出生并接受教育,她已
经成年的孩子以及那些熟识她的人都觉得她是一个以自我为
中心、待人苛刻的人,也承认她小巧的身材、棕色的眼睛、深色
的头发都很引人注意。米丽娅姆在20世纪50年代前一直住
在皮奥里亚。高中时,她表示想要就读史密斯学院(Smith
College),但她父母认为在皮奥里亚市的布拉德利学院
(Bradley College)念两年就够了。尽管很失望,但米丽娅姆没
有选择,只好去了布拉德利。毕业后,她进入当地一家报社担
任女性版面的作家和编辑,她很爱这份工作。

　　米丽娅姆是怎样认识哈里·戈尔茨坦的,我们无从得知,
但他们决定于20世纪20年代早期结为夫妻。米丽娅姆的父

母反对这桩婚事：首先，戈尔茨坦是一个鳏夫，比他们的女儿大 20 岁；其次，米丽娅姆在美国出生，又取得了大学学位，而戈尔茨坦生于俄罗斯，几乎没有接受过正式的教育，就连说话都带着浓重的乡音。决心已定的米丽娅姆不顾父母的反对，于 1920 年 2 月 3 日同戈尔茨坦结婚，此时距她 22 岁生日只差几天。

尽管是第一代移民，哈里·戈尔茨坦却和他的妻子及亲戚一样，很期望被皮奥里亚土生土长、经济富有的上层中产阶级所接受。他加入了改革派犹太教，并且像皮奥里亚的成功商人一样参加社会和经济事务。戈尔茨坦也意识到，要为上层中产阶级接受就意味着他新婚的妻子必须放弃报社的工作。他告诉米丽娅姆，"皮奥里亚最好的珠宝店"的老板得有一个不必工作的太太。

多年以后，米丽娅姆表达了被迫停止工作的不满。但身为一个新婚的妻子，她和她的丈夫一样，也想被当地的主流社交圈接受。何况，她很喜欢自己的新身份——22 岁的米丽娅姆已经成为了皮奥里亚市一位事业有成、富有、令人尊敬的商人的太太，这使她很有可能成为当地报纸社会版上的人物，而不是报纸记者。这样的机会对于米丽娅姆这样自知富有魅力和美貌并已习惯受到关注的年轻女士来说极具诱惑。

1924 年，戈尔茨坦一家朝着融入上层中产阶级的社交圈又迈出了重要的一步：他们买下了位于布拉夫斯的一处房子，那里是当地最富裕的社区。尽管戈尔茨坦还负担不起面朝伊利诺伊河谷的维多利亚式豪华别墅，但他们还是买下了正对着 300 英亩的布拉德利公园的一座砖式房子，这座房子视野开阔，还有儿童游戏场和一个露天舞台。米丽娅姆在屋子里放了一架斯坦威袖珍型三角钢琴，在餐厅放了一张雕花的木制十二人餐桌。戈尔茨坦家雇了一个厨师和一个女佣,在特殊场合时也会去雇一个临时司机。

从乏味的家务劳动中解脱出来后,米丽娅姆得以为家庭和自己建立起一个社交形象,在贝蒂眼里,她的母亲表现得完美无缺。如同这一阶层的其他女性,米丽娅姆打高尔夫和桥牌、骑马、游泳。她参加了两个犹太女性团体,又加入了当地的社区福利基金会(Community Chest)。她最大的乐趣莫过于和她的女性朋友举办阔绰的午宴和雅致的桥牌聚会。米丽娅姆也花相当多的时间和金钱来保养让她骄傲的容颜。她热衷于购物,雇裁缝度身定制套装和裙子,自认为是皮奥里亚市值得大家追随的时尚界领军人物之一。

哈里·戈尔茨坦作为一个俄罗斯犹太人移民,很为他能在布拉夫斯买下房子而自豪,而米丽娅姆,匈牙利犹太人移民的女儿,同样也很享受成为当地最成功、最时髦的女性的感觉。为使梦想成真,戈尔茨坦夫妇申请成为皮奥里亚乡村俱乐部的会员,这是城中最有声望的俱乐部,然而他们还是因为犹太人的身份被拒绝了。这一经历使戈尔茨坦夫妇意识到身为犹太人的他们仍处于社会精英阶层的边缘。

年幼的贝蒂并未注意到她父母的沮丧。她每天早晨七点起床,总是和妹妹比赛谁先穿好衣服,以便可以在早餐前和父亲散步。晚餐后,他们一家人常常会开车穿过布拉德利公园的空地兜风。在一天结束之时,贝蒂的父母会聆听她的晚祷。她首先背诵传统的犹太祷词"听着,哦,以色列;主是我们的神,主只有一个"(Shema Yisrael)﹡,接着再做传统的基督教祷

﹡ 原文为 Shema Yisrael:"Hear O Israel, the Lord our God, the Lord is One."这句祷词被视为对信仰的声明,是每个犹太孩子学会的第一句祷祠。

告"此刻让我入睡"。

让贝蒂开心的是,她的父母用孩子们最喜欢的传统方式来庆祝圣诞节。贝蒂相信圣诞老人会来,她会把袜子挂在壁炉架上,琢磨圣诞老人究竟如何从细细的烟囱里下来。圣诞节的清晨,贝蒂总是和弟弟妹妹们坐在楼梯顶焦急地等父母示意他们查看圣诞老人带来的礼物。父亲更希望孩子们遵循他们自己的宗教传统庆祝光明节(Hanukkah,犹太教节日),可对贝蒂来说在烛台上点燃8支蜡烛远不如圣诞老人的到来有趣。

在贝蒂的少年时代,戈尔茨坦一家常到威斯康星州海沃德市的圆湖(Round Lake)垂钓营度暑假。哈里之所以选择这个度假点是因为他喜欢钓鱼,他也同贝蒂一起分享这份愉悦。"我父亲会带上我一起去钓鱼。"她后来写道,"我记得那种激动,梭鱼或鲈鱼上钩时的那种感觉,鱼竿一弯,你用力向上一拉然后开始收线。"

戈尔茨坦夫妇还带孩子们去芝加哥,其中的两次旅行贝蒂尤为印象深刻。一次是在贝蒂12岁时,全家一起去参观世界博览会;还有一次是为贝蒂过16岁生日,父母在周末带她出去旅行,还请她看了两出舞台剧——凯瑟琳·康奈尔(Katharine Cornell)的《圣约翰》(*Saint Joan*)以及海伦·海斯(Helen Hayes)的《维多利亚女王》(*Victoria Regina*)。

戈尔茨坦夫妇同样希望孩子能参加各种训练技能并培养友谊的活动。贝蒂的母亲在这方面起着主要的作用,她安排孩子们学习打高尔夫球和网球、弹奏钢琴以及跳舞。贝蒂缺乏运动细胞,这让母亲很失望。不过,她喜欢游泳,也喜欢参加女童子军以及夏令营,在那里她可以远足、探索自然、划独木舟。此外,令贝蒂高兴的是,母亲容她自己选择。有一次,贝蒂告诉母亲她不想再上舞蹈课了,想换成戏剧课。于是米丽娅姆送她进入莫里尔太太的儿童剧院。表演课给贝蒂带来了友谊和成就感,也使她声名远扬。她曾在当地几家演出公司的舞台剧中演出,也在高中里出演和执导过一些剧目。尤为突出的是,她念高年级时曾因出演《简·爱》中的罗切斯特夫人一角——那个阁楼里的疯女人——而获过奖,而她当时只不过出场了两分钟,只是穿过舞台便引得观众哄堂大笑,这令她自己和观众都相当难忘。

孩提时代,贝蒂很高兴父母时刻注意着她,而当她逐渐长大,她却意识到她母亲对仅仅为人妻、为人母非常不快。米丽娅姆发泄不满的方式之一就是把注意力放在孩子,尤其是女儿的缺点上。贝蒂可没少吃苦头,显然她并不符合母亲对完美孩子的预期。首先,贝蒂的身体状况注定了她的不完美。她一出生时就很虚弱,以致父母和医生都认为这孩子活不久。她小时候肺功能不好,每逢冬天支气管炎就会复发,后来则年年要和哮喘病战斗。贝蒂双腿天生有点弯曲,3岁前都穿着铁制的矫形支架,十几岁时又开始戴矫正牙齿的牙箍。11岁时,贝蒂已经需要戴镜片厚厚的眼镜,否则她的一只眼睛几乎看不清东西。最让米丽娅姆沮丧的是,女儿完全没有遗传她的美貌,尽管长着和母亲一样的棕色的深邃的眼睛,贝蒂却不幸地遗传了父亲那典型的犹太人的长鼻子。

更让母亲恼怒的是贝蒂的个人习惯。她对穿着完全不在意,这也与精心装扮的母亲截然相反。此外,她和妹妹埃米同住的房间也少有整洁的样子。个性固执又经不起挫折的贝蒂很容易暴怒,发起脾气来窗户都振动得嘎嘎作响。有一次,她用书砸妹妹砸得太狠,以至妹妹要到卫生院缝针;还有一次,她从好朋友的头上一把扯下一撮头发。面对母亲屡屡表现出的失望，少年贝蒂已经怀有极大的不满。那时，她开始明白自己和妹妹、妈妈不同，她没有被赋予健康和美貌。

贝蒂与父亲的关系则相当不同。她后来写道，父亲是小时候启发她认识自己的人，是她的"实质、心脏以及中心"。年幼时，父亲因工作而不能回家吃饭或与家人一起度假时，贝蒂时常惦记着父亲。在她后期的写作中，她常亲切地称呼"爸爸"。哈里·戈尔茨坦对女儿格外宠爱，这也是贝蒂的愉快回忆。贝蒂和她父亲一样聪明过人，且有极大的求知欲，这使她与父亲志趣相投。戈尔茨坦总是自豪地向朋友和客人炫耀女儿的文章和诗歌，夸奖孩子在学校取得的成绩。更重要的是，父亲珍藏了女儿的全部文章和诗歌，每篇都当"杰作"。

戈尔茨坦一家边吃饭边聊天时，哈里对贝蒂的偏爱最显露无遗，他常讲讲时事和刚读到的有意思的观点，话题涉猎极广，可以从 1927 年林德伯格（Lindbergh）成功飞跃大西洋抵达巴黎说到 20 世纪 30 年代希特勒（Hitler）对犹太人的杀戮。戈尔茨坦特意营造餐桌谈话的氛围，希望孩子们可以学到更多自己兴趣之外的东西，也教他们表达自己的观点。这在贝蒂身上发挥了积极的作用。在谈话中，她总会追问当今的政治问题，也能立即解出数学题。

更重要的是，餐桌谈话的核心是塑造孩子们对于社会公正的看法。1936 年总统选举时，戈尔茨坦告诉孩子们，他和妻子支持富兰克林·罗斯福（Franklin Roosevelt），因为他的新政旨在帮助那些有需要的人。在经济大萧条（Great Depression）期间，戈尔茨坦夫妇让孩子们为皮奥里亚的穷人准备一些圣诞节玩具和食物。

贝蒂人生中另一股积极的力量来自学校。1927 年秋天，她进入离家只有几个街区的惠蒂尔学校（Whittier School）读一年级。她很快就感到自己很重要,因为她总能知道正确的答案。老师和父母也很快看出她聪明过人。于是,母亲带她做了智商测试。180分的结果使贝蒂被誉为"非凡的天才",也让她在学校跳了一级。

回想童年,贝蒂认为学会阅读是她从小学学到的最大的本事,因为书籍满足了她对知识的无止境的好奇。在学校里,她的朋友们称她为"书呆子"。通常,她一天能读一本或两本书,常借完公共图书馆允许出借的最多数量;她还期待着生日礼物和圣诞节礼物,因为通常也是书籍。然而,贝蒂的父母却开始担心她花过多的时间读书,也担心她易怒的脾气。为多了解女儿,戈尔茨坦夫妇带贝蒂去看了心理医生,测试后,医生建议戈尔茨坦夫妇"让这聪明姑娘自行发展"。

尽管得到了"自行发展"的权力,但贝蒂在学校真正的快乐之源还是一群形影不离的朋友。从二年级起直到初中,她的朋友们都居住在布拉夫斯,都是皮奥里亚精英的儿女。这群朋友都上高尔夫球课、网球课,同属女童子军团,一起参加夏令营。然而,贝蒂最快乐的时光还是她和朋友们在空闲时间建立各种富有想象力的游戏世界和秘密俱乐部,而她往往是其中的"头目"。

起初,贝蒂只是和朋友们玩"装扮"和"神秘人"之类的角色扮演游戏,到六年级时他们觉得要成立秘密俱乐部才过瘾。他们的第一个秘密俱乐部名叫"捣蛋鬼俱乐部"(Baddy Club),他们总是煽动同学或惹怒老师。通常是俱乐部成员来决定行动的方式,得到贝蒂的示意后他们就制造骚动,例如:老师或其他同学演讲时,他们突然开始扔书本或假装咳嗽,并且他们都拒绝当班长。这个俱乐部被校长墨菲(Murphy)先生下令禁止后,他们又成立了一个新的俱乐部——"讨厌鬼俱乐部"（Gummy Club），在课堂上大肆咀嚼口香糖以示抗议。对此，墨菲先生把捣蛋鬼们叫到办公室，威胁他们如有再犯将被驱逐出校。有意思的是，校长向贝蒂和她的朋友们提出忠告：他们具有领导天赋，但"须行之以善，勿行之以恶"。贝蒂·戈尔茨坦听取了校长的建议，决定服务他人。

升入罗斯福初中（Roosevelt Junior High School）后，贝蒂的"小团体"仍然存在，然而篮球比赛、校园舞会和星期六晚会取代了秘密俱乐部成为了"小团体"的主要活动。此外，贝蒂还在校园报纸《反光镜》（The Reflector）工作，她喜欢看着自己的文字和名字被印刷出来。贝蒂在学校的头八年里自信心逐渐增强，因为她证明了自己并不像母亲认为的那样邋遢、不得体、不好、淘气或者丑陋。相反，她感到非常快乐，因为她可以轻而易举地学会拉丁文、法文、代数、几何。更重要的是，她还有要好的朋友。

然而，当贝蒂和朋友们升入中央高中（Central High School）后，快乐便终止了。他们的"小团体"逐渐解散，这使贝蒂感到自己好像被抛出了朋友的世界。

贝蒂产生"被抛弃感"是有原因的。她进校时，学校为了避免太过拥挤而施行"轮时制"。贝蒂被安排在下午的班级，而她的朋友在上午的班级。而且，她又跳过一级，比朋友们年纪小，当她的女伴们长成妙龄少女时，她发现自己还是像一个小女孩。再加上她戴着厚厚的近视眼镜，又长了"戈尔茨坦的鼻子"，这让她看上去既不成熟又缺乏吸引力。最后，因为偏见的存在，贝蒂的犹太人身份使她无法像她的大多数朋友一样加入女生联谊会（和社团），这一点让她最为受伤。

尽管高中的女生联谊会和社团不需要皮奥里亚学校行政管理层的批准，但中央高中还是存在三个"非官方"的社团，而这三个团体的成员垄断了整个校园的社交生活。这意味着在过去的八年中习惯于身为社团头目的贝蒂现在却被挤出了高中的"秘密俱乐部"。一年级结束时，贝蒂已经将自己视作被驱逐的人；等到二年级时，她认为朋友们已经不再喜欢她了。

除了在学校碰到的社交问题，雪上加霜的是父母开始为钱而争吵。经济大萧条使戈尔茨坦珠宝店的利润大为缩水。尽管收入有限，哈里·戈尔茨坦还是拒绝解雇员工，因为他不想看着他们失业。收入的减少意味着米丽娅姆不再有足够的零用钱来请保姆、开派对以及赶时髦。米丽娅姆很生丈夫的气，故意透支信用卡来买想要的东西并把账单藏起来，还偷偷地赌博，以致债务增加。

由于缺钱，曾经欢声笑语的餐桌如今变成了战场，贝蒂和她的弟妹，还有无辜的旁观者则沦为敌人。哈里·戈尔茨坦被米丽娅姆激怒后便会满脸通红，一拳击在桌子上，然后起身气冲冲地离开房间。作为回应，米丽娅姆选择与孩子们为伍。米丽娅姆当着孩子的面嘲笑丈夫说话带乡音，教育程度低，在她眼中这些因素决定了丈夫不如自己，并且无法被皮奥里亚的社交圈和商界接纳。米丽娅姆恳求孩子们对她以自己、孩子们和家庭为名的挥霍保持沉默，诱使孩子们成为反对父亲的同谋。

情感上，贝蒂试过用各种方法应对父母的战争。她常发现自己成了母亲的同谋。有时，她支持父亲，毕竟他和自己同样聪明。她同情父亲却也渴望博取母亲的爱。这些相互冲突的情感使她在内心深处有种难以承受的挫败感。面对这一状况，15岁的贝蒂发誓决不允许自己被父母弄哭。此后，一旦争吵开始，她便把自己封闭起来以便保护自己不在父母的战争里受伤。

那段时光对贝蒂而言是黑暗的。虽然她找到了应对家庭问题的方式，但更艰难的是要接受自己不受男生欢迎，不被邀请加入女生联谊会。在自传式的文章《犹如镜中》里，贝蒂坦言自己曾为此"泪如雨下"，她讨厌皮奥里亚，并觉得自己因为缺乏对异性的吸引力可能永远嫁不出去。贝蒂因失去朋友而感到悲伤，常在家附近的墓地度过下午的时光，坐在墓碑上吟诵埃米莉·迪金森（Emily Dickinson）的诗歌。周末的夜晚，她伏在卧室的窗口眺望，想象着她的朋友们正玩得高兴。在这段最黑暗的时光里，贝蒂努力弄懂为何在社交上毫无地位，是因为自己过于聪明或不够漂亮，还是因为自己是犹太人？

贝蒂迷惘了。这一回她的智商和长相都没能使她成为校园里的活跃分子。她同样不解为何犹太人的身份会成为问题。贝蒂和父母一样在努力地融入主流社会。她从不参加犹太人夏令营，并积极加入各种被社会认可的活动和俱乐部。因此，贝蒂相信自己的宗教和文化传统并不会影响自己的受欢迎程度和友谊。而被女生联谊会的拒绝动摇了她对社会的认识，于是她向父母求解。

米丽娅姆告诉贝蒂，她太不在意自己的外表了，她的犹太人鼻子、脾气、好显露才华是她不再受欢迎的原因。成年后的弗里丹风趣地说，母亲的评价让她觉得高中时的自己是"一只丑小鸭，一个有脑子的怪人"。而当时，贝蒂觉得母亲似乎在责备自己没有成为联谊会的一员，这让她感觉糟透了。

相反，哈里则与女儿分享了自己遭遇的反犹太人主义，以此解释为何她会被拒绝。哈里和妻子不同，他不能隐藏自己的乡音和鼻子。他向女儿讲了自己遭到歧视的惨痛经历：他虽然得到了皮奥里亚的商人们的尊重，但他明白尊重不等于友谊。哈里与这些人的交往在商店关门后也即终止，白天的朋友在六点之后几乎不同他交谈。更重要的是，哈里向女儿诉说了自己身为贫穷的第一代东欧犹太人移民无法实现的梦——完成学业，他不想贝蒂也有同样的遗憾。

青少年时期的贝蒂把自己受到歧视的不快经历视作一个起点，重新更好地认识自己。成年后，她仍然记得自己怎样被拒绝并因此开始寻求社会变革。"如果你是一个在中西部的富人区中长大的犹太女孩，你就会被边缘化。"贝蒂告诉采访者，"你在他们之中而你却不是他们，只是一个旁观者。"自从贝蒂被联谊会拒绝后，她成了那个旁观者，看着犹太人因自己的宗教和文化传统被推到皮奥里亚社会的边缘。从这个视角，她开始认识到，有色人种和女性仅仅因为遗传基因和染色体结构而遭遇了同样的命运。

然而，十几岁的贝蒂却用完全不同的方式来面对自己的遭遇。父母的话无意中成了她重建在中央高中社交生活的必要工具。母亲对贝蒂不足之处的提醒激怒了她，她决心凭她的优势成为一个思想家、作家、组织者。父亲的安慰使她开始接受不可言说但确实存在的反犹太人主义这一现实。贝蒂从愤慨和觉醒开始，发誓要让过去、现在和今后的朋友即便不喜欢她也不得不尊重她。贝蒂·戈尔茨坦终于振作起来。

贝蒂以全新的面貌升入三年级。她懂得要在高中获得认同有两种方式——要么很受欢迎，要么相当杰出，而她亦深知自己不具美貌却聪明过人，不可能成为学校各种活动中受欢迎的人。贝蒂也改变了赢得友谊的方法，她不再只在一个小圈子中依赖一两个密友，相反，她决定交更多和她一样兴趣广泛的好朋友。

为学生刊物撰写文章对贝蒂而言是最有意义的事，她因此得到了名誉、友谊和与日俱增的自信。高年级时，贝蒂为校报《观点》(Opinion)撰文。她开始写书评，后来开了一个名为"卷心菜和国王"的周专栏，专门揶揄学校里的社交问题。回顾贝蒂在校报工作的这段经历，这不仅给予了她内在的满足，更是她完成其最得意的冒险行动的基础，而这一冒险行动成就了她"最完美的一年"。

这个冒险行动即《潮流》(Tide)的发刊，这是学校的第一本文学杂志，由于其不倚靠学校的课程、俱乐部和财政而格外突出。起初，一本学生创办的文学杂志看起来就像个朦胧的梦，贝蒂在升入高三前的那个暑假反复盘算着这件事。她向同为学生出版物工作的四位朋友提了自己的梦想，其中之一就是后来成为她终身的朋友的道格·帕尔默(Doug Palmer)。刚开始是非常艰难的时期，贝蒂和她的朋友们要弄清如何支付印刷费，又不确定是否能抽出时间来实现这项有抱负的计划。然而，贝蒂的梦想如此诱人，促使大家不断为这些实际问题找出路。通过咨询，他们得知当地的一家报社《皮奥里亚日报手稿》(Peoria Journal-Transcript)愿意以每期50美元的价格为他们印刷足够份数的杂志。后来，贝蒂的父亲提议，他们可以向当地商人请求捐款来解决印刷成本。

一旦实际困难得以解决，这群充满活力的记者们便开始筹划这本文学杂志的版式和内容。贝蒂和朋友们决定按《读者文摘》(Reader's Digest)的开本规格来办《潮流》，每一期共16页，包含故事、诗歌、散文。尽管他们也从学生中征文，但多数文章还是由他们自己主笔。不仅如此，他们还承担了全部的编辑、排版、校对工作。为了宣传杂志，贝蒂和朋友们在学校大会上作推荐，还上了广播节目。他们一起叫卖杂志，每本

10 美分。在这一年里,一共有三期《潮流》(1937 年 11 月号、1938 年 3 月号及 1938 年 5 月号)得以出版。

贝蒂把《潮流》的出版当作高三最重大的事件。这是她头一次拿定主意并和朋友们一起实现它。贝蒂在一篇自传体文章里记录了自己高三时富有感染力的激情。她说自己非常享受与同样热爱写作、有想法并勇于挑战现实的朋友合作。虽然曾有过"害怕、担忧甚至希望从未产生过办杂志的念头"的时候,但艰辛的努力换来了"喜悦及达成梦想的成就感"。贝蒂写道,当把第一期杂志的小样交付给报社排版时,她和道格·帕尔默兴奋得"在靴子里发抖"。读过校样之后,他们自豪地认为《潮流》比预期的还要好。第一期杂志在 11 月出版之时,他们意识到梦想成真了。对贝蒂而言,这是"完美的时刻"。

1938 年 6 月 9 日,贝蒂从中央高中毕业。在等待上台领取毕业证书的时候,她可能会回顾自己高中最后两年的成功:她交到了新朋友,为校报写书评和两个专栏,并创办了《潮流》。此外,她还加入了几个学术和社交俱乐部,在写作、表演和学业上都获得了荣誉,并利用暑假在当地报社和社区中心工作,还为德国移民辅导英文。贝蒂获得了好几家知名大学的录取通知,并成为六个致毕业告别辞的学生代表之一,这为她的高中生涯画上了圆满的句号。她可以去芝加哥大学(University of Chicago)或斯坦福大学(Stanford University),而几所最负盛名的女子学院——瓦萨学院(Vassar College)、拉德克利夫学院(Radcliffe College)、卫斯里学院(Wellesley College)和史密斯学院(Smith College)——也任由她挑。贝蒂最终选择了位于马萨诸塞州北安普敦(Northampton, Massachusetts)的史密斯学院。无疑,这所学校是她母亲没能实现的理想，这是她选择这所学校的一大原因。显然，贝蒂的父亲感激不已，因为女儿完成了他不可实现的梦想。贝蒂自己也感到很安心，她终于得以离开皮奥里亚这个让她感到不公平的地方，她将要到东海岸去拓宽视野。

毕业典礼那天，在等待上台领取毕业证书的时候，贝蒂可能正好想起了那篇自传体文章的结尾："在过去的十七年里，我一直在不断地奋斗，并想着自己一旦成功将感到满足。我现在成功了，但我并没有感到满足，而是又要为别的东西奋斗了。"当被叫到名字时，贝蒂·娜奥米·戈尔茨坦走上讲台去领取毕业证书，深知自己将为新的挑战和冒险而努力。首先到来的就是在史密斯学院对精神生活进行的探索。

2

探索精神生活

在史密斯学院,你有责任要在政治问题上表明立场。不论父母持何种信仰和政治立场,你要搞明白自己在政治和宗教上站在哪一边。你所做的事和你将做的事可能、可以、必定会使生活有所不同。因而,在史密斯学院,我们并不会被强加一个明确的职业选择,然而我们中的大部分人拥有非常清晰的、无法逃脱的社会道德和政治责任感。

贝蒂·弗里丹《此前一生》(2000 年)
(Betty Friedan, *Life So Far*, 2000)

1938 年 9 月末,就在那场大飓风以每小时 115 英里的速度横扫校园后的几天,贝蒂·弗里丹来到了史密斯学院。也许老天是有意要让这所学校提前感受一下飓风的,因为这位年轻女士的机智、激进主义以及与不公正斗争的坚定决心也将如风暴一般席卷校园。与高中的最后两年一样,贝蒂凭着她的写作才能、出人头地的抱负和对社会正义的追求而名垂史密斯学院。

史密斯学院成立于 1871 年,其办学宗旨就是为学生们提供与只招收男生的哈佛大学(Harvard University)、耶鲁大学

(Yale University)和普林斯顿大学(Princeton University)组成的常春藤联盟(Ivy League)同样严格的教育。为了实现这一目标，史密斯学院聘请最有资历的学者并提供古典人文教育。1940年，学院14％的在职或前任教员获得过古根海姆学者奖(Guggenheim Fellowships)，63％的教授为女性。而最与众不同的是，教员中有相当数量的犹太人活跃在学术前沿。

威廉·艾伦·尼尔森(William Alan Neilson)在1917年至1939年间担任史密斯学院的校长，学院能拥有杰出的师资队伍在很大程度上要归功于他孜孜不倦地提倡进步教育和社会公正，吸引了与他持同样观点的学者。贝蒂在校期间，拥护基督教社会主义的莱因霍尔德·尼布尔(Reinhdd Niebuhr)和提倡社会福利的埃莉诺·罗斯福(Eleanor Roosevelt)常被邀请到校发表演讲。在课堂和各种讨论会上，贝蒂接连接触了强烈的自由主义和反法西斯主义，而言论自由、宽容、进步、社会责任、社会公正、团结、民主、和平也是这些场合着力传播的价值观。

然而，学院的整个氛围仍偏保守，精英主义价值观占主导地位，和皮奥里亚相差无几。2 000名女学生中大多数人为欧洲裔美国人，来自中产阶级家庭和高产阶级家庭，信仰基督教，而信仰罗马天主教、犹太教的不足20人，少数非洲裔美国学生则肤色偏浅，拥有显赫的家庭背景。大多数学生像贝蒂一样，父亲为商人、银行家或专业人士，母亲则是家庭主妇，会在社会组织或教会组织做志愿者来打发时间。

对贝蒂而言，史密斯学院为学生建立的生活方式和她们曾经的家庭生活很相似。学生并不住宿舍，而是被安排住进校园内一些很大的旧房子里，这些房子经改造可以供50～70人居住。每一栋房子都配有一名专帮学生解决问题并监督她们行为的女舍监和几位负责铺床叠被、清洁浴室和准备晚餐的女佣。在这样宽敞的寓所里,学生们可以邀请朋友或老师饮下午茶、成立学习小组或玩桥牌。贝蒂被分到查宾楼(Chapin House),发现室友纳塔莉·特洛(Natalie Turlow)也是犹太人,这让她很高兴。

或许是因为自己和纳塔莉同属校园里的少数人群,所以贝蒂开始考虑该如何融入史密斯学院的大环境。凭着在皮奥里亚的经历,贝蒂认为自己有两个选择:淡化犹太人身份以结交朋友并被大家接受,或者冒着被忽视、讨厌的风险欣然接受自己的犹太人身份。贝蒂抛开了家庭和社会期望的束缚,决心保持犹太人的文化传统作为自我形象和行为不可剥离的一部分。这一决定在她入校第一年的头两个月里就受到了考验:校长尼尔森主张应该增加从纳粹德国逃亡到美国的犹太人的移民配额,这在当时的史密斯学院乃至整个美国都是不受欢迎的政治立场,而校长希望贝蒂能够支持他。

学院的学生每周都要参加集会。尼尔森校长常在集会上提醒学生,每个人都是社会的一员,应当支持提倡社会公正的事业。1938 年 11 月中旬的学生和教师大会上,尼尔森不再仅仅"提醒"学生们这一点,而是力促学生在请愿书上签名,向富兰克林·罗斯福总统和国会施压以放宽移民配额,向逃离纳粹德国的犹太难民提供庇护。彼时,联邦政府仍然拒绝放宽犹太移民的配额,因为正值经济大萧条时期,政府显然不愿意有更多人加入劳动力大军。此外,这份请愿书还声明,史密斯学院将积极地从移民中招收新生。尼尔森劝说大家,希特勒对犹太人的仇恨如此强烈和残酷,身为信奉自由的美国公民须谨记对人道主义精神的忠诚。他激励学生们不仅应确立对德国犹太人及东欧犹太人的人道同情,更要直面这一现实——严格的移民配额正是美国反犹太主义的一个例证。

会后，查宾楼的女生们讨论了校长的请求。贝蒂对这场讨论颇感惊讶。很多学生表明她们反对请愿，因为不希望更多的犹太人进入史密斯学院。最拥护校长的是三个基督教徒。相反，从辛辛那提市来的四位富有的犹太学生却保持沉默，她们的沉默令贝蒂印象深刻。

贝蒂响应了尼尔森的号召，也鼓励其他人在请愿书上签名。这次讨论并未使大家达成共识，请愿书被留在了大厅的桌上以便其他人签名。包括贝蒂在内的一小部分人在请愿书上签了名，而那四位来自辛辛那提的犹太人则没有签名。其他楼的学生们对请愿的态度也同样如此——尼尔森的请愿最终失败了。史密斯学院学生们的态度也是大部分美国公民的态度。1938 年，《财富》(*Fortune*)杂志的读者调查显示，当被问到是否支持放开移民限额以使更多犹太人取得签证时，2/3 的回答者表明他们希望"让犹太人离开"美国。

尼尔森的请愿以及查宾楼里的同学们拒绝签名的态度让贝蒂明白了反犹太主义远不止将犹太人拒绝在社交俱乐部门外，她也意识到那些希望被接纳的犹太人也会如非犹太人一样反对犹太人。而且，尼尔森的请愿结果也证明，在美国，反犹太主义的力量强过主张人权的力量。

就她个人而言，贝蒂支持请愿意味着她必须拥有更强大的自信心，因为她被迫面对各种冲突的价值观和情感。一方面，她想要融入环境，成为受欢迎的人；另一方面，她又必须主张社会公正。通过支持请愿行动，贝蒂·戈尔茨坦认定履行自己的价值观比追随别人的态度更重要。她冒着风险诚实地表明自己的态度，却意外地发现她因为做自己而受欢迎。新生贝蒂与同样以学习为乐的人结为朋友，她发现自己不再被视为书呆子,也不再因犹太人的身份而被信奉基督教和天主教的女孩排斥。贝蒂后来写道,这种接纳使她"因被人理解而备感快乐和幸福"。

良好的自我认同感使贝蒂能够最大限度地利用史密斯学院的各种资源。在音乐史课上,她聆听贝多芬(Beethoven)、莫扎特(Mozart)、德彪西(Debussy)的作品,从此喜欢上了古典音乐。文学课让她有机会读到一些以人生大事为主题的书籍。通过阅读弗吉尼娅·沃尔夫(Virginia Wolfe)、托马斯·曼(Thomas Mann)、詹姆士·乔伊斯(James Joyce)和列夫·托尔斯泰(Leo Tolstoy)的作品,她更加明白了自己的情感构成,也为她日益觉醒的政治意识打下了基础。读完福楼拜(Flaubert)的《包法利夫人》(*Madame Bovary*),她想知道这部小说揭示的主题是否能解释自己母亲的性格;而海明威(Hemingway)的《丧钟为谁而鸣》(*For Whom the Bell Tolls*)向她剖析了西班牙内战(1938 年)中的政治问题;约翰·里德(John Reed)的《十日动摇世界》(*Ten Days That Shook the World*)则从共产主义者的立场揭露了俄国革命。

史密斯学院深厚的人文教育吸引着贝蒂,而最让她心醉的是在皮尔斯厅上的心理系的课。贝蒂高三时就想学习心理学了,因为她想要了解内心的自卑感以及她和父母之间的冲突。因为这些个人原因,她在一年级时就修了"心理学Ⅱ",这门课要求学生亲自使用科学方法开展实验以测试人的行为模式,因而成为那一年里她最钟爱的课程之一。

贝蒂学会了使用科学方法来测试那些影响人的行为的因素,这成为了她审视现存社会结构的思考工具。大学二年级,贝蒂在学习詹姆斯·吉布森(James Gibson)的社会心理学时得到了首次应用这些方法的机会。吉布森是一个激进分子,他相信唯有马克思主义者的社会主义才能为工人们的社会运动提供理论基础；作为一个政治活动家，他支持工人权利并为反对法西斯而斗争。讲堂上，吉布森阐明了社会主义能比资本主义更好地解决经济、社会不平等的问题；布置作业时，他又让学生们评论美国社会的主流看法。有一次，吉布森要求学生们阅读和评价罗伯特（Robert）和海伦·林德（Helen Lynd）开展的社会学研究《中产阶级都市》（*Middle town*，1929 年），这一研究描绘了印第安纳州曼西市（Muncie，Indiana）中产阶级公民的社会规范。

贝蒂明白，吉布森想要指出《中产阶级都市》体现了美国社会所存在的问题。更有意义的是，贝蒂将学习和自己在典型的中西部城镇成长的经历联系了起来。读过林德的研究报告后，她意识到自己在皮奥里亚市的悲惨经历绝不仅仅是个案。相反，这些经历证明了正是皮奥里亚的社会规范决定了当地居民具体的行为预期，就和曼西市的情况一样。她也意识到这种预期会直接影响她的母亲。无论是母亲还是曼西市的中产阶级女性都相信，妻子和母亲的角色代表着社会对于女性存在的认可。因此，人们期望女性在家庭生活里实现自我价值，而贝蒂知道她的母亲并非如此。

大学三年级时，贝蒂又选了两门课，这对她的政治观点的最终成形至关重要。一门课是政治激进分子和女权主义者多萝西·沃尔夫·道格拉斯（Dorothy Wolff Douglas）讲授的经济学。道格拉斯的课使贝蒂了解到马克思主义者对资本主义的批判。最让她印象深刻的是"工人阶级在革命性变革中的作用"和"女性的二等公民地位"这两个题目。她听着道格拉斯阐述资本主义压迫工人的方式，回想起吉布森曾在社会心理学课上讲过相似的问题。

更重要的是,道格拉斯还使贝蒂接触到了女权主义者对政治文化的诠释。在上经济课时,道格拉斯将纳粹德国与苏联对女性的角色期待进行比较。她解释了纳粹对孩子、厨房和教堂的观念形态,他们把孩子放在家庭生活的中心,宣扬母亲的角色,进而反对女性在外工作。这一思想方式认为女性应当放弃知识或职业生活上的追求,因为女性天生就该承担家庭责任。道格拉斯以此为例,告诉学生们她不仅反对用法西斯的方法来划分领域,也认为美国女性也承受着同样的压力。她以苏联女性为例以证明女性也可以有其他的选择,在那里,社会主义的原则主张给予女性同等的机会以及相匹配的报酬,甚至有些情况下会超过男性的收入。贝蒂为道格拉斯的观点所折服,并将这些论点发表在学生刊物上。

贝蒂在大学三年级时还上了埃里克·科夫卡(Eric Koffka)的"完形心理学"(Gestalt Psychology)这门课。科夫卡是完形心理学派的创立者之一,他于1924年从德国移民到美国,到美国后基本都在史密斯学院工作。根据科夫卡的观点,完形理论假设人是一个永恒变化的系统,并不断地与环境互动。因此一个人可以通过不断地解释经验来获取"真正的知识"并在更大的社会结构中运用这些知识做出积极的改变。

作为一个学生,贝蒂很推崇科夫卡的完形心理学,她喜欢其聚焦大问题、避免狭隘的专业化以及质疑价值系统。对于一个正努力获得更大自信心的年轻女士来说,一个强调重新解释经验、做出积极改变的理论极富吸引力。同样,完形理论的内涵——社会能够变得更好——为贝蒂提供了一个号召改革的知识框架。多年以后,贝蒂·弗里丹常常说,遇到埃里克·科夫卡和完形理论对她的教育产生了极大的影响。

学业之外,贝蒂·弗里丹还非常想成为一名记者。大学二年级时，贝蒂重振学生自费出版的杂志《史密斯学院月刊》（*Smith College Monthly*）。她将这本文学月刊转型为以社会和政治议题为主的刊物。在之后的三年里，她一直为这一杂志写文章并成为了杂志的主编。也是在二年级这一年，贝蒂还加入了校报《史密斯学院联合新闻》（*Smith College Associated News*），起先是新闻编辑，之后做了主编。作为可以主导校报内容的主编，贝蒂使这两份出版物成为了权威的讲坛，宣扬左倾的自由主义和激进主义，倡导工人权利、学术自由和反法西斯主义，珍珠港事件爆发后，又对第二次世界大战奉行不干涉立场。

在史密斯学院的最后两年里，贝蒂凭借学业成绩和在学生出版物方面的作为成为了学校的风云人物，在学生和学院教员中享有很高的知名度，极有影响力的又饱含争议。从一年级到高年级，她一直在寻找一些方法，能将追求社会正义的热情导入政治宣传。对她而言，要争取社会公平就要直接行动：这是个人的、道德的、宗教的责任。于学生和记者的立场而言，即便要她拒绝父母和社会阶层的价值观，她也要摆明自己的宗教和政治立场，这也是一种自我挑战。

贝蒂在 20 世纪 30 年代至 40 年代初期参加了激进的学生运动，这对她的政治观点的形成造成了巨大的影响。这场运动始于 30 年代中期，被历史学家视作美国学生运动史上最具成效的激进运动，那时学生正面临着两大危机：大萧条的肆虐和第二次世界大战的恐怖。为寻求美国经济和社会政策的根本性的改变，共产主义者、社会主义者、自由主义者及和平主义者联合在一起共同发起了这次学生运动。从大学校园到华盛顿的国家会议，从课堂到暑期研讨会，学生运动向每一个贝蒂这样的年轻人提出挑战，迫使他们重新审视父母的中产阶级文化,去认同工人阶级,将种族和民族多样性当作重中之重。和许多年轻人一样,贝蒂被美国学生运动所吸引,正如政治学家、30年代学生运动的活跃分子约翰·P.罗奇(John P. Roche)回忆往事时所说的,这给了他们一个机会去改变美国,使"这个深陷贫困和萧条,正被种族和宗教歧视所折磨,似乎在'走向战争'的国家……变成一个有政策来确保经济和政治公正、人人平等的和平世界"。

学生运动对罗斯福政府而言是一个挑战。学生们要求新政(New Deal)的受益对象扩至穷人和正遭受种族歧视的少数民族。此外,他们还倡导非战主义的外交政策,既反对法西斯主义又主张美国退出第二次世界大战。对那些参加运动的学生来说,这两个立场相互关联:参战将威胁到公民自由,并影响实施终止贫穷和种族歧视的政策。这些目标也是学生活动家们的个人目标,他们意识到他们这一代人将注定为之而战。贝蒂被学生运动的理想所鼓舞,但当日军在1941年12月7日袭击停留在珍珠港的美军舰艇时,她不再奉行和平主义立场了,富兰克林·罗斯福称"这个日子"将"与耻辱共存"。

珍珠港事件前,贝蒂以自己的政治观点为其写作和编辑学生刊物的基本原则。1940年秋天,她以一场师生间的校园辩论为主题出了一期《史密斯月刊》。这场辩论的焦点在于,是否要反对美国在第二次世界大战中越来越倾向于干预政策——这意味着学术自由和言论自由。贝蒂竭力反对干预政策。作为《史密斯月刊》的编辑,她向教员、行政人员和学生征集捍卫战时言论自由的文章。在她的文章里,她辩称如果"防卫"、"文明"和"民主"这些词汇被用作抑制言论自由的合法性依据,那么支持这些准则的美国人是无法领会这些准则的含义的。贝蒂还在《史密斯学院联合新闻》上声援学生运动。从新闻编辑到主编，她都在为工人权利呐喊，支持通过罢工来争取加薪以及要求保障史密斯学院的言论自由和学术自由。

1941年2月，贝蒂作为《史密斯学院联合新闻》的编辑报道了一个在华盛顿召开、为期两天的学生会议。这次会议由学生运动团体联盟美国青年代表大会（American Youth Congress）发起，其目的是反对援助战争中的英国的租借法案（Lend Lease Act）。会议最主要的一项活动是从国会山（Capitol Hill）到白宫（White House）的示威游行。在这场游行中，2 000名青年沿着宾夕法尼亚大街一路高呼"约翰尼要工作不要枪"，他们中有的是大学中的精英学生，有的是南部的小佃农。他们的口号针对的是多尔顿·特朗博（Dalton Trumbo）的文章《约翰尼要上战场》（*Johnny Got His Gun*）（1939年），他们担心对英国的经济支持不单会把美国卷入另一场世界大战，还可能妨碍立法帮助穷人，侵犯公民自由和工人权利。

游行的这一天，贝蒂到得很早，抢到了游行路线沿线前排的位子，这样她便可以准确地报道这次事件。游行在和平的氛围中开场，但她很快就注意到骑警正沿着人行道朝游行的学生走去。他们想阻止游行。为了脱身，贝蒂走上了人行道，但又被推回游行的人群里。接着，她发现自己已经和游行者一起游行，甚至跟着喊"约翰尼要工作不要枪"。她喜欢这种感觉。她在后来的回忆录《此前一生》里写道："我不仅仅是一个观察者，一个作家。"1941年2月的那个寒冷的日子里，贝蒂·戈尔茨坦参与了游行，因为她支持这一运动。

显然，主编两本学生刊物的贝蒂已然成为了政治舞台上一个充满激情的作家和行动者。她反对现状，并且她享受这种感觉。贝蒂反对是因为她觉得自己被赋予了权力。她的立场与当时的校园文化风潮背道而驰,因为她相信她必须为创造一个更好的社会和寻求真理而努力。正如玛西娅·科恩(Marcia Cohen)写的那样,贝蒂成为了"社会良知,时刻为公正、为穷人、为弱势群体辩护"。

作为一个迅速成长起来的政治活动家,贝蒂想要了解更多左倾自由主义和激进团体提出的议题和理论,更多地参与他们的行动。这股热情促使她申请参加高地民众学校(Highlander Folk School)的一个暑假研讨会。这所学校是一个成人培训教育中心,成立于1932年,位于田纳西州蒙蒂格尔市坎伯兰高原镇附近,专在备受经济压力和社会压力的南方人中培养领导人、发展组织。在这所学校里,每个人都能学到一些方法来创建一个新的社会秩序,以确保社会公正和经济公正,每一个人都得到尊重,忽略社会阶级、性别和肤色的差异。在20世纪30年代,高地民众学校的研讨会和各类活动旨在为新生的南方工人运动培养政治组织和工会组织。这并非易事。

这个暑期项目共有20个人参加,共有2个培训项目。首先是一个为期两周的写作培训班,主要是探索使纪实写作风格兼具信息量和趣味性的方法。贝蒂在她提交的报告中说,她从没有想到她居然有机会和如此多的风格各异的作家一起学习。这些作家包括一位从辛辛那提来的小说家、一位在约翰·霍普金斯大学(John Hopkins)就读医科的中国学生、一名佐治亚州的小学校长、一位曾经参选田纳西州州长的女士、一位肯塔基州的部长、一位纽约来的穷文人、一位来自肯塔基州的18岁女孩(她仅凭一则故事就赢得了杂志的奖励),以及一位来自芝加哥的联邦政府救济长官。贝蒂喜欢团队合作,他们处理日常琐事时互相合作,每个人都把自己当作集体的一分子。加入这个培训班的要求是有写作热情,而不是付得起学费，这一点对贝蒂来说极富吸引力。培训班中的一位女士就是用一个以山胡桃木熏制的火腿、一些黑莓酱和一个用巧克力、果冻和椰子做成的蛋糕来付学费的。

第二个培训班为期四周，专门阐述工会、工人和经济之间的关系，并教授应付纠察队以及在集会上开展工会工作的方法。这个培训班的大多数参与者都是劳工维权人士。尽管贝蒂从未使用培训班中介绍的技巧战术和策略来组织工会，但她得以更好地理解中产阶级和工人阶级间的紧张关系。1941年秋天，贝蒂在为高地民众学校撰写的一篇通讯中重新审视了自己的中产阶级背景。文中，贝蒂坦言她没有接触过皮奥里亚的工人阶级，因为她属于居住在布拉夫斯的 1% 的人口，而工人阶级则居住在皮奥里亚的"下城"。她也承认自己从父亲和朋友的谈话中了解了一些资本伦理。现在想来，贝蒂指出这些商人认为工人要求加薪或参加工会是贪婪的行为。而在高地民众学校的学习使贝蒂意识到商人才是贪婪的，因为他们更看重利润而不是工人的生活质量。

除了写作，在高地民众学校的时光还让贝蒂了解了工人阶级的观念、关注点和行动日程。没有这六周的学习，贝蒂也许仍可以在理论上领悟这些问题，却不可能在情感上真正理解。她结识了一些奉行政治行动主义的南方人，和他们一起工作，得知他们很可能遭受排挤、失败和暴力。对学校的工作人员和决意以激进方式进行政治改革的人，贝蒂待其如友。在这些人中，她发现了一拨志趣相投的政治活动家。此后的几年里，贝蒂与高地民众学校的主要工作人员保持书信往来。她在信里描述了她身为学生刊物记者和编辑所面临的挑战，因为她和他们一样，也因为支持工人阶级和工会、反对美国在经济和军事上介入第二次世界大战而为大家所排斥。

深受高地民众学校培训班鼓舞的贝蒂回到了史密斯学院完成最后一年的学业。她获得了心理学学位并完成了论文。最后一学期对贝蒂来说最具挑战，因为她须面对自己的未来——或者结婚，或者成为一名记者，或者进入研究生院。这种挑战让她感到不安，因为她并不确定自己想要什么。贝蒂开始考虑各种选择，她决定不回皮奥里亚，也不结婚，因为她尚未拥有一枚订婚戒指，也没有正式的男朋友。她也认真地考虑过在一份重要的全国性刊物谋职，但这也不可能，因为她很可能像大多数女性一样被雇作研究员，无法成为记者或编辑。她无法接受这样的屈就。

于是，剩下的选择就显而易见了：进入研究生院。她的确对心理学课程感兴趣，她也对自己在史密斯学院取得的成就感到满意。她一年级时就获得了阿瑟·埃利斯·哈姆奖学金(Arthur Ellis Hamm Scholarship)，二年级时加入了美国优秀大学生荣誉组织(Phi Beta Kappa)，三年级时入选美国科学研究荣誉协会(Sigma XI)，四年级时以第一名的成绩毕业。研究生毕业以后她可以成为教授，成为像多萝西·道格拉斯一样的人，给人以启示，施人以影响。读研也是成为精神病学家的第一步，那可是她高中时就立下的志愿。因此，贝蒂在大四这一年递交了奖学金申请，申请了耶鲁大学、哈佛大学、衣阿华大学(University of Iowa)以及加州大学伯克利分校(University of California, Berkeley)。她被常春藤学校拒绝了，但被另两所大学录取了。加州大学伯克利分校提供的奖学金相当诱人，这所学校又极负盛名。史密斯学院仅给贝蒂600美金，而伯克利给她1 125美金。贝蒂决定去伯克利，她欢呼雀跃——这是她又一次因聪明才智而得到认可。

1942年6月9日，贝蒂·戈尔茨坦从史密斯学院毕业。

这一时刻可谓五味杂陈。毕业这一天，贝蒂很为自己取得的成绩而自豪。让她更倍感骄傲的是，她无意中听到学校的一个老师告诉母亲，她是史密斯学院录取的所有学生中成绩最优秀的。这位老师还说，在贝蒂所取得的全部成就中，她出色的论文是"对行为科学领域的一大贡献"。

这一天，贝蒂也感到心里空空的，因为父亲身体欠佳，没能来参加她的毕业典礼。从 20 世纪 30 年代中期开始，父亲患上了高血压和心脏病，没有手杖就几乎无法走路。得知父亲不来，贝蒂曾打电话苦苦央求，但还是被拒绝了。不过父亲让她从另一面去考虑——她和母亲将不会因父亲浓重的犹太口音而尴尬。这或许是父亲的玩笑话，又或许出于无奈。无论如何，父亲缺席这一对贝蒂的成就表示认可的仪式，使贝蒂深感遗憾。从许多方面来说，这些成就都要归功于他们曾平等地探讨各种想法、问题和时事。

还有一些事也令贝蒂感到有点失落。她将要离开史密斯学院，在这个小世界里她做得很好，过得很舒适。史密斯学院于贝蒂而言像一个安全的避风港，让她寄托情感、好好学习，使她摆脱童年时代的不安全感，并培养对知识的好奇心，用自己的价值观而非他人强加的价值观去评价自己。

在史密斯学院最后的日子里，贝蒂很明白自己取得的成就，但她明白的不止这些。这四年对心灵生活的探索使她确信自己肩负着用她所受的教育和才智去改善下一代人生活的道德责任。贝蒂·戈尔茨坦知道自己将抗议任何针对受歧视者的不公正举动，在所不辞。她确实这样做了。

3

为革命工作

战后，我已经对政治非常感兴趣了，积极地参与政治，并且非常激进。不是为女性，而是看在上帝的份上！如果在1949年时你是一个激进分子，你会关心黑人，关心工人阶级，关心"第三次世界大战"，关心非美活动委员会（UnAmerican Activities Committee）、麦卡锡（McCarthy）和效忠宣誓，关心共产主义的分裂和分歧、俄罗斯、中国和联合国，但是你肯定不想在政治上做一个女人。

贝蒂·弗里丹《往日情怀》（1974年）
(Betty Friedan, "The Way We Were", 1974)

1942年6月，贝蒂带着在史密斯学院取得的丰硕成果和即将前往加州大学伯克利分校迎接新挑战的兴奋回到皮奥里亚。让她最感欣慰的是，四年前离开时，自己还是个早熟的、不安的年轻姑娘，回来时已然成为受过教育的、自信的大人了。为了强化这种自信，她去掉了名字中最末一个字母"e"以宣告独立。接着，贝蒂继续寻找终结不幸的童年和少年时期的方法。两个邀请使这成为可能。

第一个邀请来自她的母亲。米丽娅姆·戈尔茨坦很为女儿在史密斯学院所取得的优异成绩而骄傲，因而安排贝蒂在犹太妇女的聚会上发表演讲。贝蒂决定激励听众去思考自己的犹太人身份，这是她在史密斯学院曾面临并解决的问题。在发言中，她建议大家将自己的犹太人属性作为自己身份的一部分，不要刻意隐瞒这一点以便能够"融入"社会。第二个邀请则来自贝蒂自己。她发现从前的朋友们不再将她视作外人，而那些"女生联谊会或大学生联谊会"之类的小事也一笔勾销。她寻思着，是大学使他们不再喜欢搞小团体还是她的自信心增强了。无论原因是什么，贝蒂邀请朋友们到家里来聚会，庆祝自己重拾声望，朋友们也都来了。

　　1942 年夏末，贝蒂来到了北加利福尼亚。史密斯学院与伯克利的差异立即对她刚刚重获的自信心形成挑战。史密斯学院只是新英格兰镇上的一所小型女子学校，而伯克利则是旧金山市区的一所重要的研究型大学，男女同校。史密斯学院只有 2 000 名学生，而伯克利却拥有 11 000 名本科生和 2 000 名研究生。在史密斯学院，贝蒂从詹姆斯·吉布森、多萝西·沃尔夫·道格拉斯以及埃里克·科夫卡那里学到了很多知识，也受到了很大的挑战。但她很快发现伯克利的教授更关注自己的学术发展而不是学生的进步。更重要的是，史密斯学院将人文教育视为头等要事，而伯克利却参加了许多由政府资助的项目，为第二次世界大战研发技术和武器。最引人注目的当数物理学家 J. 罗伯特·奥本海默（J. Robert Oppenheimer）了，他因其在伯克利的研究而被任命为 1942 年曼哈顿计划（Manhattan Project）* 的学术负责人。

---

　　* 第二次世界大战期间美国陆军自 1942 年起开发核武器计划的代号。——译者注

　　为了交朋友,贝蒂加入了一个由研究生和教员组成的学习小组。这个小组的成员和她一样在政治问题上持左翼主张,但很多人都加入了激进的政治组织。因其激进的观点,组员们决定探索马克思主义与心理学的关联,这是一个富有挑战性的问题,因为马克思本人拒绝用心理学理论来解释历史决定论。见到贝蒂努力调整自己以适应伯克利的生活,一些小组成员邀请她同住。她高兴地答应了。他们住在学校附近的一幢大房子里,为了宣扬其政治观点,他们将房子命名为"红色城堡"。志同道合的新朋友使贝蒂得以维持自信。

　　显然,伯克利的新朋友点燃了贝蒂的政治激情,然而心理学系没能点燃她的学术激情。唯一的例外是埃里克·埃里克松(Erik Erikson)的课,他的研究着重于运用弗洛伊德的观点来探索人类从出生至死亡的发展阶段。埃里克松引导贝蒂思考弗洛伊德的观点与经济现实的密切联系,她也考虑以此作为毕业论文的基础。

　　但总体而言,贝蒂仍感到失望,因为研究生院不像史密斯学院那样对课程作业要求严格,教员们也不够投入。这里的整个学术氛围了无生气、缺乏创见,贝蒂参加的一次研究生座谈会就是一个很好的例子。在会上,贝蒂简要地陈述了自己在史密斯学院所作的优秀论文。这给一位教授留下了深刻的印象,这位教授建议如果此文还未公开发表,可作为她的研究生毕业论文。

　　第一个学期期末时,贝蒂已经不确定她是否还想获得心理学硕士学位。或许,她应当换个方向,去申请医学院,然后成为一名精神病医生,这是她高中时代的抱负。贝蒂希望等学校放假后回皮奥里亚与父亲探讨这些问题。但她的希望落空了。1942年12月,哈里·戈尔茨坦病重。

20 世纪 30 年代中期,哈里·戈尔茨坦患上了高血压。这几年里,他待在珠宝店的时间越来越少,基本上在佛罗里达州过冬,并且因为钱的问题,他的脾气也越来越坏。1942 年 12 月贝蒂见到父亲时,她发现他只想讨论自己的意愿而不是女儿的将来。戈尔茨坦告诉女儿,他担心如果妻子成为自己的第一遗产受益人,她可能会把财产挥霍一空。因此,他决定把财产分给妻子和三个孩子,他希望贝蒂做自己的遗产执行人。贝蒂毫不犹豫地回答说:不把母亲立为第一遗产受益人及遗产执行人是错误的,而她对父亲的钱并无兴趣。然后,贝蒂就申请医学院一事询问父亲的意见。戈尔茨坦的回答同样迅速和果断:他打消了女儿的念头,并说如果她只是想成为"又一个医生",那就是在浪费生命。

贝蒂整个假期都在和父亲闹矛盾。最后,她在 1 月初不告而别,离开了皮奥里亚,这一行为使她追悔莫及。1943 年 1 月 11 日,哈里·戈尔茨坦逝世。贝蒂回到皮奥里亚参加葬礼,但拒绝表示悲痛。然而,一回到伯克利,贝蒂便为父亲的离去悲伤不已。她,父亲的知己好友、最喜爱的孩子,却因自己的脾气而浪费了与父亲在一起的宝贵时光,即便明知已经来日不多。

在伯克利的第二个学期,贝蒂继续自己的研究生学业并频频约会。这学期,她打算"告别单身"。她最心仪的追求者是她朋友的哥哥鲍勃(Bob)。(弗里丹从未透露过鲍勃的姓氏。)贝蒂尤其怀念他们的旧金山之行,他们一起嘲笑那些"自由主义者",并加入码头装卸工人的游行。这个学期,贝蒂仍在思考,心理学硕士学位能否带给她一份有意义的工作。

1943 年 3 月 27 日,贝蒂·戈尔茨坦不能再优柔寡断了:她获得了亚伯拉罕·罗森堡研究奖学金(Abraham Rosenberg

Research Fellowship)，这是学界内授予研究生的最高奖。而且，还从未有女性或心理学系的学生被授予这一奖学金。评审委员会给贝蒂两周时间来决定是否接受奖金。贝蒂最终拒绝了奖学金，她告诉委员会她将放弃心理学的学业，去"为革命工作"。然而，这样激进的转变是她拒绝的主要原因吗？

在此后的作品和访谈中，贝蒂·弗里丹表示，她拒绝这一奖学金是因为她必须在学业与鲍勃之间作出选择。当她把奖学金一事告知爱人，鲍勃即发出"最后通牒"：如果她选择接受奖学金，将毁掉他们之间的关系。他的理由是，他怎么都不可能得到这一殊荣，这将让他感到自己在智力上低她一等。面对这一"最后通牒"，贝蒂选择了爱情而不是事业：她放弃了这项奖学金。

这听起来合乎情理且开诚布公。然而事实上，贝蒂的决定比"爱情大过事业"要复杂得多。她对研究生院大失所望，想申请医学院，这样她便可以成为一名精神病医生。此外，她发现比起读研究生，战时美国的产业工人和少数族裔所面临的问题更能激发她的兴趣。所以，当她告诉评审委员会自己不接受奖学金而想"为革命工作"时，她是在按照自己的政治热情和内心想法行事。

1943年夏天，贝蒂离开伯克利，搬往纽约。她还没有工作，但史密斯学院的朋友邀她搬去同住。他们住在格林威治村的一间公寓里，这里是推崇波西米亚生活方式的人的聚居地，他们在政治上比较激进，支持性解放。安顿好后，贝蒂开始找工作。她不知道从何着手，就先联系了高地民众学校的一位朋友。朋友给了她几个建议，其中包括《联邦新闻》(Federated Press)曼哈顿办公室。几周内，贝蒂就被《联邦新闻》录用了，职位是助理新闻编辑，薪水为每周30美元。这份工作她一直干到 1945 年 6 月。

《联邦新闻》的工作正符合贝蒂"为革命工作"的目标。《联邦新闻》于 1919 年由社会党员和激进的工会组织创立，20世纪 30 年代至 40 年代成为美国最成功的左翼报纸。这份报纸的编辑方针和文章倡导工人权利及终止性别歧视和种族歧视，贝蒂也将有机会参与撰文。报社从其政治立场出发，批评了罗斯福政府的政策，因为在第二次世界大战期间政府不允许工人为争取权利而罢工。因此，在研究生院的象牙塔里短暂地生活了一段时间之后，贝蒂再次涉及她曾在史密斯学院学生刊物上倡导过的政治问题。

被《联邦新闻》录用后，贝蒂不得不面对两个对立的世界：一方面，她致力于倡导工人阶级的革命性变革；另一方面，她享受着她所在的社会阶层所拥有的特权。她和她的室友都是知识分子，都自命不凡；他们属于上层中产阶级，在最好的私立大学接受教育。作为 20 世纪 40 年代生活在格林威治村的单身女性，贝蒂和她的朋友们坚持认为自由主义者太柔顺、腼腆，缺乏革命性的变革。对她们而言，参加共产党组织的会议、集会，坐在地板上唱革命歌曲就是在反抗她们父母的狭隘的中产阶级世界。然而，当谈到他们的生活方式时，这些模仿革命家的人却要划清界线：作为革命者，他们反对资本主义，这意味着他们不能出入高档的百货商店购买最新的时尚单品。这一点他们做不到。

尽管这种矛盾看上去无足轻重，但贝蒂却为这两个格格不入的世界感到为难。作为《联邦新闻》的新闻编辑，她在为"革命"而工作，但这种"革命"她本人却并不完全认同。来到纽约的头几个月里，贝蒂仍为失去父亲而挣扎。这些挑战交织在一起，使贝蒂不时地受哮喘、作家心理阻滞及周期性抑郁所困扰。贝蒂担心自己会精神崩溃，决定去看心理医生。为了支付治疗费，贝蒂向母亲要父亲留下的钱，母亲给她寄去了。心理治疗使她的症状有所缓解，但贝蒂明白要克服自己内心深处的心理问题可能是一个缓慢的过程。

另一剂让贝蒂的焦虑心情得以舒缓的良药是与同事的交流。她在工作中交到了新朋友——同样热衷于用新闻传播激进观念的男女同仁。工作结束后，他们常常去报业协会（Newspaper Guild）大厦的酒吧，边喝酒边探讨以激进的革命方式为工人及少数族裔争取权利的可能性，并对现状发表几通愤世嫉俗的评论。在交流的过程中，贝蒂得以与像她一样的左倾自由主义者、共产主义者、社会主义者以及和平主义者交换意见。有些谈话还牵涉到个人隐私。由于在喧嚣、混乱的左翼新闻界工作，贝蒂知道有人用过激的方式解决问题，比如堕胎。她在史密斯学院的一些朋友怀孕了又想要堕胎，这在当时是不合法的，于是贝蒂托《联邦新闻》的同事找门路来帮助朋友。

《联邦新闻》的工作使贝蒂相信自己可以成为一名记者，同时，这份工作也在考验她对激进政治的忠诚度。同样，这份工作使贝蒂有机会成为一个自由女性，她不再认同社会公认的双重标准——女性在婚前须保持性的纯洁，而男性则可以自由地发生婚前性行为。贝蒂有过好几段短暂的恋情，她的大部分男友都是已婚人士。尽管几段邂逅并未带来爱情和承诺，但贝蒂发现自己是一个充满激情的、对异性充满吸引力的女人，她需要靠此来克服自己的不安全感。她与朋友的交流也更加私密：她在格林威治村公寓的大多数朋友都结婚了。没有了室友，贝蒂搬进了一间地下室，有天井但没有厨房。

除了喝酒、争论"革命"的策略、找堕胎的门路、几段短暂恋情之外，23岁的贝蒂赢得了《联邦新闻》的男同事的尊重。尽管她不太接触工人运动，仅在几个工会组织中了解了一些权力政治的动力机制，但她学得很快。贝蒂的同事、工会的组织者罗伯特·施兰克（Robert Schrank）记得正是贝蒂教他写作和编辑的。贝蒂讲话时语速极快又断断续续，俨然一位"严厉却友好的犹太母亲"，她的才华和认真的态度让施兰克印象深刻。施兰克还记得自己写完第一篇社论时，贝蒂告诉他写作就像对听众讲话："听从你内心的声音，并把它写下来。"贝蒂这样建议他。

贝蒂·戈尔茨坦总在实践自己所宣扬的东西。从她为《联邦新闻》所写的文章中可见其对工人的困境深表同情，尽管她从未在工厂工作过。贝蒂尤其关心女性作为工人、家庭主妇和消费者所面临的处境。她被安排为定期专栏"战时生活"撰文，这一专栏以女工及工会成员的妻子为目标读者群。每期专栏中要附一个菜谱，这对不擅烹饪的贝蒂来说着实是个挑战。她甚至都搞不清做蛋糕时是加一汤匙盐还是一茶匙盐。相比之下，她为女性消费者提供的建议就成功多了，因为她可以将"价格调控"、"通货膨胀"这样的概念讲得通俗易懂并联系读者的生活。在一期专栏文章中，贝蒂抨击联邦政府屈从于大企业的压力，她向读者指出黄油之所以涨价是因为政府向美国乳品协会（American Dairy Association）妥协，终止了价格管制和定量供应。

受雇于《联邦新闻》没多久，贝蒂就采访了露丝·扬（Ruth Young）并发表了她最重要的一篇文章。扬是美国电气、无线电、机械工人联合会（United Electricd, Radio and Machine Workers of America）的官员，这是一个为非洲裔美国人及女工争取经济上的平等权利的激进工会。在扬看来，女性被迫支持第二次世界大战,并在战时全职服务于各行各业。然而政府却没有为女工家庭的日常需要考虑,比如控制物价上涨、住房及幼儿托管服务。扬指出,很多职业女性辞职是由于她们没有精力同时兼顾工作和家庭。对此,罗斯福政府却张贴了数千张吸引女性到工厂工作的海报。贝蒂以"漂亮海报阻止不了女工的流失"为标题,用此次采访来抨击联邦政府,认为政府应出台政策以解决女性面临的困境,而不是把钱花在吸引眼球的海报上。她还让扬借此机会阐明其关于工会中男女平等的观点:扬认为"如果有机会,女性在工会中可以做任何工作,包括签订合同和指挥一项政治行动"。

尽管工作表现很出色,贝蒂还是在 1945 年丢了这份工作,因为《联邦新闻》的订阅量下降,需要裁员。此外,冷战政治和反共产主义成了第二次世界大战后美国政治文化的标签,《联邦新闻》连同其他左翼出版物一并身陷困境。大多数美国人长期以来都反对卡尔·马克思(Karl Marx)关于工人要联合起来接管生产资料并重新公平分配利润的主张,因为这威胁到了由供求规律支配的自由市场经济。多数公民对苏联共产主义充满警觉,苏共始于 1917 年的布尔什维克革命(Bolshevik Revolution),之后又有集体化、五年计划、20 世纪 20 年代至 30 年代的约瑟夫·斯大林(Josef Stalin)的铁腕统治。尽管美国与苏联在第二次世界大战期间为了打败法西斯主义而暂时搁置了意识形态上的分歧,但随着德国在 1945 年 4 月投降,这种基于生存需要的合作关系也走到了尽头。第二次世界大战结束之后产生了两个超级大国——美国和苏联。这两个国家都拥有军事力量和自然资源,都想将自己的政治意识形态施加于弱小国家。

为了抗衡苏联共产主义的势力,美国开始实施遏制政策,即动用经济、军事资源阻止苏联向非共产主义世界扩张。在这一背景下，很多美国人都担心共产主义势力的渗透，而20世纪30年代美国共产党（Communist Party of the United States of American）人数激增并在1942年达到50 000人也加剧了这种担忧。作为一股政治力量，美国共产党也影响着像贝蒂这样的左倾自由主义者、工会领导及成员的政治观点。

20世纪50年代，这种强烈的反共产主义的猜疑心被称为"麦卡锡主义"。这个词源于威斯康星州的共和党参议员约瑟夫·麦卡锡（Joseph McCarthy）。麦卡锡在西弗吉尼亚州惠灵市的共和党女子俱乐部发表了一次演讲，掀起了这一以他名字命名的文化现象。演讲时，他拿着一张纸告诉听众，他手中所握的这张名单里"列着205个混入国务院的共产党人，而他们仍在工作并影响着国家政策"。尽管这位参议员的指责毫无根据，却引发了更加广泛的连锁反应，很多政府雇员以及娱乐界、高等教育界人士都被指为共产主义者或共产主义的同情者。这些潜在的敌人则要接受各种官方或秘密的专门小组、委员会、机构的带有攻击性的调查和询问，其中最为活跃的组织当数众议院非美活动委员会。

不论国内的政治环境怎样，失业的贝蒂·戈尔茨坦现在需要一份工作。凭着在《联邦新闻》积累的工作经验，贝蒂申请了《UE新闻》（UE News）的职位，这是美国电气、无线电、机械工人联合会的报纸。正如露丝·扬在访问中告诉她的，这一工会处于工人阶级革命的最前线。显然，美国电气、无线电、机械工人联合会倾向于采取激进的行动，他们用自己的报纸宣扬社会主义和共产主义，为美国的工人阶级争取经济、政治与社会权利的平等。不仅如此，《UE新闻》还抨击美国的资本家西屋公司（Westinghouse）及通用电气（General Electric）

的董事会成员和股东。最后,记者公然将矛头指向约瑟夫·
麦卡锡、理查德·尼克松(Richard Nixon)以及哈里·杜鲁门
(Harry Truman),称他们为极有政治野心的反派人物,专用
"红色迫害"来封锁和镇压工会官员及工人的异议。

为表明其信奉激进的变革,贝蒂在申请工作时称自己"能
够满怀真诚和激情来描写造就美国的工人们的希望、斗争与
传奇"。1946 年夏天,贝蒂被《UE 新闻》录用了,一直干到
1952 年末。贝蒂一被录用就给人们留下了深刻的印象。和她
共事过的人回忆称贝蒂完全是一个激情四溢的人,她说话如
泉涌一般,几乎没有一个完整的句子,因为语言已经跟不上她
敏捷的思维。在《UE 新闻》任职期间,贝蒂涉足了广泛的议
题。1947 年,她报道了众议院非美活动委员会在好莱坞调查
共产主义的影响。1948 年,她报道了新兴的左倾进步党
(Progressive Party)提名亨利·华莱士(Henry Wallace),还为
之庆祝了一番。

和在《联邦新闻》时一样,贝蒂首先关注薪水低、受歧视的
女工。当被派往报道工人罢工事件时,她往往会报道罢工对
工人及其家庭的影响。1947 年 2 月,她写道,家庭主妇所支付
的价格并非基于"统计或如意算盘,而是日复一日积累的杂货
店经验,她们手中的钱为数不多,却要维持接下来几个月的生
计"。1951 年 3 月,贝蒂再次回到这一问题,指出女工们所面
临的双重困境:作为工人,她们挣得很少;作为消费者,她们必
须保证她们的家庭能够维持生计。1951 年 9 月,她在专栏"工
会为所有工人而战"中告诉读者,工会决心要为反对女性受到
的用工歧视而战。她开篇即引用一个拉丁美洲女子的话:"有
时我认为女性比男性更需要一个联盟,因为老板更想大肆压
榨女性。"同年,贝蒂还报道了新泽西州的一家制造工厂的罢

工,参与罢工的大多数人为女性。工会领导对这则报道印象深刻,让她写一本小书详述女工所受到的歧视以及工会为了结束这种不平等所采取的行动。

1952年6月,《美国电气、无线电、机械工人联合会为女工而战》(UE Fights for Women Workers)出版,这是贝蒂·戈尔茨坦以记者身份为女工所作的最强有力的辩护。在这本39页的小册子里,贝蒂开篇就把1950年普查中的劳动统计数据抛给读者,这上面记录着女工所受的薪水歧视。她写道,尽管女性的工作比多数男性的"需要更多体力和技术",但她们的"薪水却比工厂中挣得最少的清洁工、工作最没有技术含量的男性职工还要低"。贝蒂指出,由于女工报酬低,美国公司每年都可以省下"54亿美元",公司利润得以增加。接着,贝蒂进一步抨击美国大企业,用数字指出"黑人女工"所受到的"薪水歧视""更骇人听闻"。她指出,41.4%的已婚黑人女性必须工作,因为种族歧视使她们的丈夫身处"薪酬等级的最底层"。此外,黑人女工同样受到种族歧视,因为她们的工作仅限于"低报酬的家务工作或卑微的户外工作,如:门卫和清洁工"。因此,黑人女性每年的平均收入只有474美元,而白人女性的年平均收入可达到1 062美元,白人男性的年平均收入则为2 844美元。

在引用政府数据证明用工歧视和薪水歧视之后,贝蒂开始聚焦核心目的:美国电气、无线电、机械工人联合会将致力于结束女工所受的歧视。西屋公司、通用电气及其他大公司"将女性……安排在个别低薪岗位上"是一种"压低薪酬"的策略,而工会"决心要为终结薪酬双重标准而战",迫切要求明确的改变。

在书末,贝蒂列举了工会专为女性设定的计划:

根据一般工资率重新调整女性的岗位,为其设置一个专门的税率结构,从而消除歧视。

公示所有的晋升机会,根据工作经验而不是种族、性别来选拔,为女性提供足够的培训以使其胜任新的工作。

公司应为全体工人提供充分的医疗和安全保障。

消除一切男与女双重标准。

关注已婚女性因家庭责任所致的问题,如:轮班和旷工。

消除一切针对已婚女性及黑人女性的用工歧视。

代表职业女性要求政府出资建立儿童托管中心,像第二次世界大战期间一样。

反对可能引发事故或女性健康问题的赶工行为。

发展女性会员、培训并选举女性担任工会各层领导,以确保工会的生命力与战斗力。

确保监督公平实践委员会(Fair Practices Committee)在每家商店发挥作用。

显而易见,这些要求旨在将工人权利的受益群体扩展至女性。美国电气、无线电、机械工人联合会由于这一立场而和持传统立场的美国劳工联合会(American Federation of Labor)等工会组织不同,后者仍然认为只能让女性做低薪的工作。因此,当时这本小册子的大多数读者将这些要求视为工人阶级的激进改革进程的一部分,而这正是贝蒂的初衷。

现在回想起来,这份清单成为了女权主义者对妇女完全平等所持的观点的基础。当贝蒂在 1952 年编写这本册子时,她只自认为一个激进分子。结果,她对女工需求的揭示和争取在她渐渐形成的政治观念中生根发芽。工会消除歧视的计划只是前奏，贝蒂随后在 20 世纪 60 年代倡导了更积极的行动计划。更重要的是，美国电气、无线电、机械工人联合会为女工提出的这些要求成为了美国全国妇女组织（National Organization for Women）的核心议程，这一议程正是由贝蒂·弗里丹起草并推广的。

4

家 庭 的 束 缚

> 1949 年的美国……革命还没有发生：工人阶级也需要压力……1949 年，麦卡锡主义、美国帝国主义的实现，以及大企业的财富和权力使得那些曾抱有创造世界的宏大抱负的男男女女们对老左派革命的花言巧语很不耐烦。
>
> 贝蒂·弗里丹《往日情怀》(1974 年)
> (Betty Friedan, "The Way We Were", 1974)

在高中时代那篇自传体文章《犹在镜中》里，贝蒂已经表明自己想要结婚、生儿育女。但这是有条件的：她也要在家庭之外找到"乐趣"，给她带来"成功和荣誉"。20 世纪 40 年代中期，劳工记者这份工作正满足了贝蒂对"乐趣"的渴望，而在激进的工会成员的小圈子中，她也收获了成功和荣誉。但此时，25 岁左右的贝蒂渴望爱情，想要结婚。一位同事把自己的好友卡尔·弗里丹(Carl Friedan)介绍给贝蒂，她很快发现自己高中时的愿望成真了：1947 年，贝蒂嫁给了卡尔·弗里丹，在这段 22 年的婚姻里他们养育了 3 个孩子。

"他给了我一个苹果，并讲笑话给我听。"贝蒂后来回忆起他们的第一次约会时说道，多少有点留恋。卡尔是个英俊、聪明、有魅力、善交际的犹太人，这让贝蒂很满意。从他们的第一次约会以及接下来的几次约会中，贝蒂得知卡尔同自己一样也是从少年时代就开始喜欢戏剧。在波士顿地区长大的卡尔一有空就去看杂耍表演，学习变魔术。高中毕业后，他进入艺术类私立大学埃默森学院（Emerson College）波士顿分部，开始学习写作、表演和导演。第二次世界大战爆发后，卡尔辍学参军。成为士兵的他仍热衷戏剧创作，并在米基·鲁尼士兵表演公司（Mickey Rooney Soldiers Show Company）工作。战后，卡尔搬到纽约，想在舞台上创一番事业。遇到贝蒂时，卡尔边在新泽西州制作一些夏令剧目，边在纽约排实验剧。

　　共同的兴趣为这段关系开了个好头，而且贝蒂和卡尔很快就意识到他们还有更多的相似之处。两人都非常聪明，都在非传统行业内寻求发展，都倾向于用左倾的激进办法来解决社会和经济问题。两人都在奋力克服母亲带来的影响，都相信婚姻可以满足其强烈的感情需求。两人还都很热爱侦探小说，都喜欢去沙滩，互相充满异性的吸引力。几次约会后，卡尔便搬进了贝蒂的公寓。

　　靠一个苹果和笑话博得贝蒂芳心的 9 个月后，卡尔和贝蒂结婚了，还结了两次。在法律程序上，他们于 1947 年 6 月 12 日在纽约市政厅结为夫妻。几个月后，他们又举行了传统的犹太人婚礼。第二场仪式是卡尔的母亲玛蒂尔德·弗里丹（Matilda Friedan）强烈要求的。她坚持要自己的儿子举办犹太式婚礼，并要求在她居住的波士顿举行。玛蒂尔德还希望由女方家庭负担婚礼开支。贝蒂的母亲米丽娅姆此时已经再婚，她答应了这一要求。在波士顿举行这场婚礼意味着卡尔和贝蒂在纽约的朋友们无法前来观礼。结果，到来的宾客大多是弗里丹家的亲友。贝蒂的母亲和妹妹埃米出席了婚礼，而弟弟哈里则因服役未能一同前往。为了弥补哈里缺席的遗憾，贝蒂80岁的外公霍维茨自豪地戴着那顶美国退伍军人的帽子来到波士顿参加了仪式和婚宴。卡尔·弗里丹注意到，外公成了婚礼全场的焦点，就像吉尔伯特（Gilbert）和沙利文（Sullivan）演的音乐剧中的一个角色。

贝蒂后来写道，自己并不喜欢第二场婚礼，因为婆婆控制了整个活动。真正令她开心的是他们的蜜月旅行。1947年夏末，这对新婚夫妇借来一辆轿车，带上一顶帐篷、两个睡袋、一个炭火烤架以及详细的新英格兰地图，去露宿海滩、徒步登山、湖中划船，还在夜里听到有熊出没。

夏天一结束，弗里丹夫妇已经沉浸在婚姻生活里了。贝蒂仍在为《UE新闻》工作，收入稳定，并仍用"贝蒂·戈尔茨坦"这个名字发表文章。卡尔则在夏天时制作剧院剧目，在其他时间在纽约制作一些不入流的小剧目。由于这两家单位都是企业化经营，所以他的收入有限且并不稳定。这对新婚夫妇仍居住在贝蒂的地下单间公寓里，卡尔拆了一个木桶做成栅栏，遮住了临时厨房的水槽。他们很享受这种波希米亚式的生活，还常常请卡尔剧院里的朋友来做客。

1947年秋天，弗里丹夫妇回皮奥里亚参加贝蒂弟弟哈里的婚礼，决定暂停自己的生活方式。为了与这类上层阶级奢华活动的氛围相匹配，贝蒂决定穿上时尚而昂贵的套装。为此，她不得不刷信用卡，因为她在《UE新闻》的收入实在太微薄了。贝蒂和卡尔在婚宴上玩得很愉快。在皮奥里亚期间，他们还拜访了贝蒂高中时代的朋友，他们大多不但已婚，还当了父母。27岁的贝蒂开始考虑是不是该要孩子了。她和卡尔意识到他们没有钱，工作也不稳定。他们未考虑现实条件就结婚了。几个月后，贝蒂怀孕了，她和卡尔的长子丹尼尔（Daniel）

在 1948 年 10 月 3 日出生。

怀孕期间，贝蒂仍在《UE 新闻》全职工作。同时，她也将注意力集中到了"准妈妈"这一新身份上。她参加了关于自然分娩的课程，决定母乳喂养，并向《UE 新闻》请了一年的产假，而她本来只能享受 6 个月的带薪产期。身为准爸爸，卡尔陪贝蒂上课，并重新改造房间以迎接宝宝的到来。丹尼尔出生时，卡尔和贝蒂设计了一个夸张的广告来公布这一喜讯：标题是"弗里丹制作"，下面写着"卡尔和贝蒂倾情献上丹尼尔·弗里丹/世界一流水准，1948 年 10 月 3 日"。贝蒂非常享受作为母亲的乐趣，她会推着婴儿车带儿子在公园散步，并学习本杰明·斯波克(Benjamin Spock)的《婴幼儿护理常识手册》(*The Common Sense Book of Baby and Child Care*，1946)，这本书是第二次世界大战后婴儿潮时代的父母必读的"育儿圣经"。毫无疑问，当她读到"相信自己，你比你自认为的知道得更多"时，感觉安心多了。

然而孩子也给弗里丹夫妇带来了冲突。由于贝蒂在产假期间基本没有薪水，卡尔深感经济负担沉重。他在戏剧界大展宏图的希望破灭了，不再奢望自己制作的这些夏令剧目可以走进百老汇。相反，卡尔不得不听着妻子无休止的唠叨，让他在电视或公关行业谋职。为了责任，卡尔放弃了自己的梦想。他先是试着出版了一本年度指南《夏季剧场手册》(*Summer Theater Handbook*)，不久之后，他又开了一家小型的广告公司。

像卡尔一样，贝蒂也面临着新的挑战。产后 11 个月，《UE 新闻》要求她回去工作。贝蒂得立即为丹尼(Danny)*断

　＊　丹尼尔的昵称。——译者注

奶,并找一个像她一样疼爱丹尼的人帮她在白天照顾孩子。贝蒂很矛盾,如果把丹尼留在家里,她会很愧疚,但她又很想工作。所以,像很多新妈妈一样,贝蒂必须重新安排工作日程。她早晨在家陪儿子,临近中午才去工作,省下午餐时间来办事和购物,下午五点回家。幸运的是,贝蒂写东西又快又好,所以工作时间减少并没有给她带来麻烦。当然,她现在不再出差和值班。

此时,弗里丹夫妇意识到他们需要搬家了,因为这间一室户的地下公寓太拥挤了。他们先是搬到黑人住宅区哈林区边上的一间时有蟑螂出没的两室户老公寓。贝蒂对这套房子不大满意,于是继续寻找更好的住处。1950年的初秋,她读到一篇关于柏克韦村的文章,这个地方在皇后区东北部,占地40英亩,专为联合国的雇员而建。这里不仅有适合丹尼的幼儿园,还专门给退伍军人和报社记者留了200套公寓,这意味着他们符合条件。在接下来的几天里,弗里丹夫妇坐了一小时的公共汽车和地铁,从曼哈顿赶到柏克韦村。他们发现,这个住宅区的2 000户住户大多是联合国的雇员,来自50多个国家,包括外交官、非洲裔美国人、美国犹太人。弗里丹夫妇还得知,柏克韦村虽然位于纽约市区,却是按典型的郊区社区来设计的:商店集中在中心,林荫道蜿蜒穿过居住区,既有两层楼高的砖式房屋(有殖民地时期的建筑的那种高柱子),也有更为朴素的四室或五室的花园公寓。弗里丹夫妇喜出望外地租下了一套四室半的花园公寓,此后的六年里他们都将住在这里。

尽管每月118.5美元的房租让生活更加拮据,贝蒂和卡尔还是很为他们的新家感到兴奋。对刚从市区拥挤的旧公寓里搬出来的他们来说,眼前的花园式公寓宽敞无比。他们也喜欢房屋设计中的现代元素，如：镶木地板、用白石膏装饰的天花板，以及开向公共草坪的法式大门。新的居住环境让贝蒂投入了郊区家庭主妇的活动。她重新挑选并摆放了家具，又决定用既时尚又便宜的埃姆斯胶合板椅子、一把木制摇椅、自由式三角餐桌来装点新家。贝蒂开始学做家务，试做各种新菜，尽管这不是她的强项。她还请母亲把家里的银餐具寄过来。回想这些年，弗里丹发觉自己和卡尔放弃了波希米亚式的生活，因为他们突然"对房子和椅子、桌子、银器等物品产生了兴趣"。他们也不再将"中产阶级"看成一个贬义词，因为他们同他们的父母一样具有中产阶级价值观。

在新环境里，贝蒂享受着作为一个家庭主妇的极大快乐。然而，这种满足感远不止尝试各种新菜式和装饰新家，而是来自与这一住宅区的其他家庭所共有的集体意识。这一群体有很多共性。他们都有年幼的孩子，在抚养孩子方面志同道合。他们在政治上都是左倾自由主义者，对于麦卡锡主义者的偏激的反共策略以及众议院非美活动委员会的活动都深感担忧。贝蒂和其他妈妈们一起组成游戏小组，并互相帮着照看小孩。在 20 世纪 50 年代早期兴起的超级市场里，蹒跚学步的丹尼一见到邻居和幼儿园的玩伴便会高兴地尖叫。

一开始，弗里丹夫妇和他们的邻居一样买来烧烤炉，周末在公共草坪上野餐。太太们做蘸薯条吃的奶油沙司，先生们则调制马提尼酒*和烤汉堡，孩子们就在草坪上玩耍。大人们坐在帆布椅子上，互相作伴，想着夕阳下玩耍的孩子有多么美好。这个朋友圈子就像一个大家庭。他们共同庆祝感恩节

---

* 一种鸡尾酒。——译者注

和圣诞节，一起吃逾越节＊晚餐，一起凑钱去奥尔巴尼市（Albany)北部的乔治湖(Lake George)或距曼哈顿一小时车程的火岛(Fire Island)租夏日度假屋。贝蒂、卡尔和朋友们深感幸运，并希望他们能永远这样幸福快乐。

贝蒂喜欢做母亲。丹尼带给她的是纯粹的喜悦，是意外的、并非应得的、绝妙的奖赏。当丹尼会认妈妈并朝贝蒂微笑的时候，这是她最喜悦的时刻。她想再要一个孩子。贝蒂和卡尔不希望快3岁的丹尼成为独生子，而贝蒂已30出头，她担心如果再耽搁，生孩子会有危险或困难。1952年早春，贝蒂怀孕了，弗里丹夫妇的第二个儿子乔纳森(Jonathan)在11月27日出生。在身体上，怀孕对贝蒂而言很轻松，而在情感上却并非如此。在此期间，她经历了两个意外的事件，皆与怀孕有着间接关系：一件事与个人情感有关，另一件事则与工作有关。

怀孕后，贝蒂发现卡尔对她的关心越来越少。他常常留在市区，声称要工作到很晚，性方面也变得很冷淡。贝蒂发现丈夫和前女友发生了婚外情。尽管这段关系只持续了几个月，但造成的伤害却一直存在，因为卡尔的不忠有着更深层的原因。在婚外情发生之前，他们已经闹得很不开心了。他们同样固执，脾气火爆，常常争吵，而冲突的导火索通常都是钱。卡尔没有稳定、高薪的工作，贝蒂常常为此而唠叨和抱怨。讽刺的是，她从前多么讨厌母亲为钱而指责父亲。至少，乔纳森的到来和柏克韦村的朋友们帮助他们在短期内修复了婚姻的裂痕。

＊ 犹太教的主要节日之一。——译者注

贝蒂·弗里丹和丹尼(1949 年)
©哈佛大学拉德克利夫研究所施莱辛格图书馆

　　这一次怀孕对贝蒂的事业造成的影响是，她在 1952 年夏天失业了。这实在出人意料，因为她的文章一直都被刊载。贝蒂被解雇的根本原因是她怀孕了，又将请上一年的产假，就像当初生丹尼那样。贝蒂是美国报业协会（Newspaper Guild）的会员，这是新闻记者的工会，作为工会组织成员，她享有休产假的权利。为了挽回工作，贝蒂决定向报业协会提出申诉。但是工会代表不支持她的申诉，因为他们认为贝蒂怀孕是自己的错误。贝蒂认为这一结论是职场上的性别歧视。后来，贝蒂·弗里丹写道，这是她的女权主义思想的"首次觉醒"。

贝蒂确实是因为怀孕而被解雇的,但却有着比性别歧视更复杂的原因。20世纪50年代早期,《UE新闻》的订阅量下降了50%,不得不开始裁员。这份报纸的订阅者多是激进工会美国电气、无线电、机械工人联合会的成员。在30年代至40年代期间,这个工会的大多数成员都是美国共产党党员或美国共产党的同情者。随着国内反共产主义潮流的到来,工会被迫肃清共产党员及其同情者,这些人占工会会员人数的三分之二。会员减少意味着订阅量减少。因此,《UE新闻》不得不裁员,不再留用一个准备请一年产假的雇员。

愤怒平息后,贝蒂意识到,事实上,作为一个劳工记者,她的影响力非常有限。只有那些本就支持激进改革的人才会读她的文章。因此,无论她的文章如何有力,她仍会因为她的努力并未激起广泛的行动以改善男女工人的条件而深感挫败。而且,贝蒂也明白,麦卡锡主义不仅阻挠了工人阶级的革命,还要求人们完全遵循美国的生活方式。基于此,贝蒂认为,在这种政治氛围中,社会需要求安稳、重家庭的人,而倡导激进事业的人则会被视为危险分子。这使贝蒂——两个孩子的母亲——意识到,自己更看重自己作为妻子和母亲的角色,而不是激进出版物的作家的身份。

1974年,贝蒂·弗里丹发表在《纽约》(New York)杂志上的一篇文章向读者表明了她的这一观念转变。"你可以自己做木工活儿和下厨,这是具体的、惬意的现实。"贝蒂写道,"你的努力能使学校董事会、分区政治、社区政治发生惊人的变化,这或多或少比让人发狂,甚至危险的世界革命更为真实和安全。"郊区生活和孩子是贝蒂及其他像她一样的女性的"舒服的小世界",她们在其中"确实可以有所作为"。母亲可以帮助孩子完成家庭作业,使孩子获得成功,而对于使用原子弹的潜在可能性及共产主义的传播却无能为力。

有趣的是，贝蒂·弗里丹在 1974 年发表的言论与伊莱恩·泰勒·梅（Elaine Tyler May）于 1988 年发表的《家庭的束缚：冷战时期的美国家庭》（*Homeward Bound: American Families in the Cold War Era*）中的分析不谋而合。梅认为，冷战初期，"第二次世界大战及其余波使世界极不稳定"，"独立的家庭……必须在一个不安全的世界里保证全家的安全，还得期许富足和成功"。比起苏联的威胁，美国人更加担心种族矛盾、妇女解放、阶级冲突和类似的混乱所引起的内部分歧，因为国内的冲突将威胁到对存在已久的美国价值观的一致认可。因此，如果塑造了美国生活方式的价值观式微或丧失，那么具有破坏性的共产主义思想就会像传染病一样袭击并控制美国的社会和道德观。贝蒂的经历正印证了伊莱恩·梅的论点，她注意到，美国人把家视为"这个不安全的世界里的一座堡垒"，以减轻他们的恐惧，因为安定的家是"抵御冷战危险的最佳壁垒"。而且，正是女人——家中的母亲和妻子——在守卫着这道门。

虽然有家庭的束缚，贝蒂仍然继续寻找写作和推动社会改革的机会。不必每天辛苦地乘车上下班后，贝蒂将她的智慧用在了社区项目上。她成为了社区通讯《柏克韦村民》（*Parkway Villager*）的编辑，她使这本刊物从一份刊登社交活动及菜谱、为人们提供谈资的报刊成为了一份组织行动以反对租金上涨、阐述社区内种族及文化多元化的积极意义、会特别报道将家庭生活与职业抱负完美结合的女性、立场鲜明但委婉地批评麦卡锡主义政策的出版物。值得一提的是，身为《柏克韦村民》的编辑和作者，贝蒂决定首次以"贝蒂·弗里丹"署名，丢掉了"戈尔茨坦"这个中间名，也拒绝被称为"弗里丹太太"。

在社区内有了一定的影响力后,贝蒂·弗里丹决定为女性杂志撰文。为了从劳工记者转型为自由撰稿人,她在柏克韦村附近的皇后学院修了一门小说写作课。一位朋友将她介绍给了文稿代理人玛丽·罗德尔(Marie Rodell)。贝蒂首先问罗德尔是否能帮助联络女性杂志的编辑并推荐她撰写的文章。当罗德尔成功地把文章推荐给《魅力》(Glamour)杂志后,弗里丹就聘请她任自己的经纪人,决定以自由撰稿人为业,为女性杂志写稿,她一干就干了 40 年。

到 1956 年时,贝蒂和卡尔·弗里丹都不想再住在柏克韦村了。和家人一样亲密的朋友们曾使柏克韦村的生活如此充实而有意义。但现在,大部分朋友都决定迁到郊区生活,弗里丹夫妇也就对柏克韦村不再留恋了。并且,他们也需要一套更大的房子,因为贝蒂又怀孕了。这回,弗里丹夫妇将目标锁定于哈德逊谷(Hudson Valley)地区的罗克兰县,这里离市区只有一个小时的车程。他们看中了一处刚翻新过的石头农舍,便签订了一年的租约,那里是哈德逊河(Hudson River)西岸的一个小型的高级社区。他们在 4 月搬到了这里,一个月之后,第三个孩子埃米莉(Emily)就降生了。

用贝蒂在 1990 年接受采访时的话说,他们的新家是她所住过的"最浪漫的地方"。他们住在这座石头房子的二楼,有一间很大的石头墙壁的起居室,而餐厅有一整面墙的法式玻璃门,可将哈德逊河以及乡间美景尽收眼底。餐厅的尽头是一个室内阳台,贝蒂就在此写作。卡尔热爱园艺,他在花园里种满了蔬菜。他们都觉得这是一个别致的地方。

然而,住到郊区也意味着新的挑战。首先,贝蒂得重新激活驾照,因为罗克兰县的公共交通不像纽约市那样方便。她从来都不是一个好司机，因此她请她的朋友当教练，希望能通过驾照考试，要知道之前她考了三次才通过。那之后，她只在必要时才开车。

此外，贝蒂还要确保家庭收支的平衡，这可是一大挑战。住在郊区增加了开销，而全家的收入仍旧是老样子。当时，卡尔的公关公司每年可挣 13 000 美元，贝蒂做自由撰稿人的年收入则在 4 000 美元至 7 000 美元之间。他们决定搬家时就已经预料到开支会增加。单是每月 600 美元的房租就已经比柏克韦村的租金翻了一番，而且他们现在需要两部车。他们买了一辆全新的 1956 年产的福特旅行车和一辆"锈迹斑斑的二手帕卡德轿车"。

弗里丹夫妇没考虑到冬天给房屋供暖的花销。当初他们签下租约时并未留意到房子没有隔热层。整个二楼起居区的供暖开销需 1 800 美元。为了支付这笔费用，他们只得在当地商店购买日用必需品，而贝蒂为了省钱干脆关小暖气，穿着厚毛衣和手套写作。

这些意想不到的花销使卡尔与贝蒂的关系变得非常紧张。贝蒂作为持家者常常为钱忧心。她感到家里的财务状况越来越差，因为他们的月支出经常超出收入"至少 1 000 美元"。迫于入不敷出的压力，贝蒂更加努力地在女性杂志上发表文章，而这意味着增加一项开销——雇用兼职家政服务员，这样她就有足够的时间来写文章了。

冬末，弗里丹夫妇决定自己买一套房子，做出这一决定或多或少是因为他们想改善家里的经济状况。由于钟情于哈德逊河畔的别致的小镇，他们决定在这类社区里寻找目标。他们如愿以偿，在"哈德逊盛景"（Grandview-On-Hudson）小区买了一所宽敞的房子，这个小型社区约有 350 户住户。贝蒂用从父亲那里继承的遗产付了首付，卡尔因为《退伍军人福利法案》而获得了固定的低息贷款。

因此，像 20 世纪 50 年代许多年轻家庭一样，弗里丹夫妇决定今后在郊区生活，尽管这并没有减轻他们的财政负担。而和大多数年轻家庭不同的是，他们在"哈德逊盛景"小区这一小型高档社区买下了一幢建于 1868 年的维多利亚风格的二层住宅，而非成片的建筑群中的一所房子，这里的住户多是从事脑力劳动的中产阶级。因此，在本质上，贝蒂·弗里丹现在的家与她布拉夫斯的家并无二致。

弗里丹夫妇的这幢 1868 年建成的维多利亚住宅极具潜力，但需要他们做大量的工作。这所房子远眺哈德逊河，占地1 英亩，周围都是常春藤和树木。他们有一个宽敞的客厅，客厅的法式大门外有一条长长的门廊，八角形的餐厅很大，屋里有四个壁炉，雅致的楼梯则通向四间卧室。贝蒂很兴奋，花了很多时间翻新房子，恢复其本来的样子。她用脱漆剂使壁炉的大理石以及楼梯扶手恢复原貌。周末，她和卡尔带着孩子去古董市场和拍卖会淘家具。一个超大的维多利亚双人沙发是贝蒂最珍爱的战利品之一。

尽管贝蒂会花上几个小时把壁炉上的画拆下来，买家具时会货比三家，但这位后来写出《女性的奥秘》的作家并非一个典型的郊区家庭主妇。弗里丹和她的邻居们不同，她将家庭主妇的角色与对事业的追求结合在一起。贝蒂初为女性杂志撰文便获得成功，1956 年发表了 4 篇文章，1957 年又发表了 2 篇，她也因此得到了《麦考尔》（McCall's）、《好主妇》（Good Housekeeping）和《妇女家庭杂志》（Ladies' Home Journal）的编辑的信任。弗里丹交出的文章决非女性杂志上充斥的"快乐主妇"的故事。相反，她描写进取、独立的女性如何在取得事业成功的同时又兼顾家庭。她也在文中强调社区托儿所的重要性，称托儿所不仅可以丰富孩子的社会经验，也给了母亲们时间去追求个人兴趣。和所有作家一样，弗里丹因编辑们不止一次地修改她的文章，使其符合"快乐主妇"的办刊基调而感到失望。

作为一个自由撰稿人，弗里丹也常常去纽约市。她同经纪人玛丽·罗德尔一起见编辑，每个月都会出席杂志作家协会（Society of Magazine Writers）的聚会。这是一个自由撰稿作家的组织，贝蒂在其中感到自己是"真正的、纯粹的杂志作家"。她的这——技之长也使她得到了在纽约大学（New York University）及社会研究新学院（New School for Social Research）教写作的机会。

讽刺的是，弗里丹在 20 世纪 50 年代发表的最著名的文章皆与女性无关。弗里丹得知罗克兰县附近的拉蒙特天文台（Lamont Observatory）的科学家们发现了新冰河世纪存在的证据后，她相信这一发现的细节能够写成一篇文章发在主流的大众杂志上。在温习了高中地理知识并阅读了最新的科学发现之后，弗里丹采访了天文台的科学家。《即将到来的冰河世纪》被她写成了一篇科学侦探故事。著名的《哈泼斯》（Harper's）月刊在 1958 年 9 月将此文用作封面文章，并将其编入文选《绅士、学者和无赖：1850 年以来的哈泼斯佳作文库》（Gentlemen, Scholars and Scoundrels: A Treasury of the Best of Harper's from 1850，1959）。

弗里丹为自己的成功感到喜悦，她很享受作为一名自由撰稿人的乐趣，报道、研究和写作自高中时代起就是她乐于去做的事。而作为三个孩子的母亲，这份工作的灵活性使她可以满足孩子的需要，这一点对她而言同样重要。弗里丹组织孩子们做游戏,并担任丹尼童军团的助理训导。她记得自己从前是多么喜欢女童军团的户外远足活动,所以她常常组织远足,沿着罗克兰县的山间小径漫步,这可比"死记硬背的课程"和美国童子军全国委员会(National Council of the Boy Scouts of America)推荐的游戏要有趣和有意义得多。

贝蒂·弗里丹坚信要满足孩子的需要,也要监督他们的教育质量。弗里丹年少时就已经明白教育是一个人认同自己并被社会接受的基础。在史密斯学院的经历使她懂得良好的教育可以拓宽视野、激发独立思考。基于此,当她得知大儿子丹尼尔在学校感到无聊时,她便开始关心此事。丹尼尔和母亲一样早熟和聪明,尤其喜欢数学。为了使学校生活更有趣,他用不同寻常的、自创的方法来解答算术题。令母亲沮丧的是,丹尼尔因此而被老师惩罚。为了保护儿子,贝蒂想与老师和学校管理层合作,使丹尼尔在学校所受的教育更为积极和具有挑战性。

弗里丹了解到丹尼尔的问题时,正在为写作《即将到来的冰河世纪》采访拉蒙特天文台的科学家。她与科学家聊天时想到,是否可以组织天文台的科学家和罗克兰县的其他知识分子在当地公立学校开展一系列的周末活动。弗里丹总是产生天马行空的想法,她认为还应邀请艺术家、作家、人类学家、建筑师、规划师以及教授。周六的活动可以包括科学实验、画壁画、法律辩论、调节师生关系。1957 年春夏,她开始将建立资源库的想法写成文章,她将之称作"智力资源库"(Intellectual Resources Pool),并召集了 15 位女性来家里讨论如何启动这一项目。

1957 年 10 月,弗里丹更急切地想要实现她的"智力资源库",因为苏联于 10 月 4 日成功发射了世界首颗人造卫星"史普尼克 1 号"(Sputnik Ⅰ)。前苏联在太空领域打败美国在一定程度上引发了全国教育危机大讨论。1958 年,美国国会通过了《国防教育法案》(National Education Defense Education Act),大力资助科学和外语方面的高等教育,并提高从幼儿园至 12 年级公立学校课程中的科学和数学课程的要求。

弗里丹立即将她的"智力资源库"概念与全国教育大讨论联系起来。她获得了罗克兰基金会(Rockland Foundation)的资助,开始筹建资源库并组织了第一次研讨会——"美国的新领域需要智慧"。从某种程度上说,这场研讨会的参与者认为弗里丹的项目将"帮助年轻一代迎接新的智力领域的挑战"。

项目正式启动并获得资助后,"智力资源库"的参加者欣然承认弗里丹的领导力,任命她担任项目负责人,她一直干到 1964 年。1960 年,致力于扶持进步事业的新世界基金会(New World Foundation)对资源库予以年度资助,其中包括颁给项目负责人弗里丹的 3 000 美元的年度津贴。新世界基金会还将资源库更名为"社区资源库"(Community Resources Pool)。

在弗里丹的领导下,"社区资源库"面向学生和成人开展各种活动和研讨会。这些会议都指出美国公立学校教育的潜在问题正是遵循麦卡锡主义的冷战政策的后果。这种政治需要阻碍了思想的自由交流,而思想自由是进步教育的基础。弗里丹以这种中立偏左的政治观念组织活动,这不仅反映了新世界基金会的政治观点,更是基于其在史密斯学院以及当劳工记者时接触到的激进想法。

显然,创立智库并为公立学校的学生们提供丰富的活动对弗里丹本人及罗克兰县的居民们都具有重大意义,但其意义远不止于此。贝蒂·弗里丹所创造、组织和培养的一切成为了全国的楷模。由于苏联的"史普尼克号",20世纪50年代至60年代期间的教育者都在关注复兴美国教育。因此,很多组织都鼓励将跨学科学习、实验、从实践中学习、另类教育系统等创新教育法应用到公立学校课程中去。而定下这些雄心勃勃的目标的人,必定对罗克兰县的"社区资源库"的经验和成功表示欢迎,弗里丹创立这一资源库的原因就是她的儿子对学校感到厌倦。

20世纪50年代晚期,贝蒂·弗里丹已经实现了自己高中时代定下的目标:与相爱的人结婚,养育了三个健康快乐的孩子,过着舒适的上层中产阶级的生活,事业蒸蒸日上。她信奉这样的政治观念:要扩大社会公正,为由于性别、种族、族裔以及社会阶级而没有在美国社会与政治中得到平等待遇的人争取更多的机会。从她接触并坚信这一理念起,她就注定会走上这条路并获得成功。显然,在与家人和朋友的交往中,在担任工会记者和女性杂志自由撰稿人的工作中,在领导创建"社区资源库"的过程中,弗里丹都获得了成功。但是,在20世纪50年代晚期,她问自己:"只是这样吗?"为了回答这一问题,她不得不面对女性的奥秘。

5

揭 开 奥 秘

这本书所体现的洞察力、对理论与事实的解释,以及隐性价值无疑都是我的想法……我的回答可能会扰乱专家们和女人们的心,因为其意指社会变革。但是,如果连我自己都不相信女性可以影响社会、并被社会所影响,那么我的写作将毫无意义;最终,女性会像男性一样有权力作出选择,创造自己的天堂或是地狱。

贝蒂·弗里丹《女性的奥秘》(1963 年)
(Betty Friedan, *The Feminine Mystique*, 1963)

就在苏联发射"史普尼克 1 号"人造卫星前的四个月,其凭借一流的技术在"太空竞赛"中超过美国的态势已经非常明朗。贝蒂·弗里丹在 1957 年的史密斯学院校友会上提出,大学教育比烹饪、清洁、轮流拼车更有意义。她指出,这次聚会前填写的问卷调查结果就是证据。毫无疑问,这群女性都很认可她的言论,并且深受鼓舞。但她们和弗里丹本人都未想到这份"史密斯学院 15 周年聚会匿名问卷"会成为去除对"女性的奥秘"的迷思的推动力。6 年后,《女性的奥秘》出版,强烈控诉美国的性别不平等体制。

1957 年初,为筹备 1942 届史密斯学院毕业生的 15 周校友会,贝蒂·弗里丹组织了一次问卷调查。当她在设计问卷调查的问题时,她回想了自己离开学校后的生活。尽管她作为一个郊区主妇和一个自由撰稿人都非常成功,但她仍感到自己辜负了同学们对她的期望——做大事。她以班级第一的优异成绩毕业并获得了读研的奖学金,但她最终没有读完研究生,当了劳工记者又被炒鱿鱼,现在大部分时间是为女性杂志写些"快乐主妇"的文章。她的私生活也不怎么好:作为卡尔的妻子和丹尼、乔纳森、埃米莉的母亲,她并没有获得完全的成就感。弗里丹的自省让她好奇当年的同学是不是有着相同的感受。

对于广为接受的有关女性幸福感的理论,弗里丹同样感到担忧,这一理论是由弗洛伊德学派的心理分析学家玛丽娜·法纳姆(Maryina Farnham)和费迪南德·伦德伯格(Ferdinand Lundberg)在 1947 年出版的《现代女性:失去的性别》(*Modern Woman: The Lost Sex*)一书中提出的。他们认为,现代女性的焦虑和不幸福主要是由于女性试图摆脱妻子和母亲的自然角色。而神经衰弱的起因就是高等教育,因为高等教育使女性将注意力转移到事业这一非自然爱好上。两位专家声称,"现代女性"这一"不幸的性别"正"深陷险境",因为女性的知识兴趣正使她们"越来越男性化"。这种转变已经"对家庭造成了极为严重的后果",而家庭是孩子们的依靠,而且这一转变也影响到了"女性的能力,使她的丈夫无法获得性满足"。《现代女性》一书中所表达的观点在 20 世纪 50 年代引起了广泛的争论,主流杂志上刊登了无数的相关文章。例如,《生活》(*Life*)杂志在 1956 年 12 月出了一期特刊,主题是"美国女性:她的成就和烦恼"。其中有一篇题为"现代婚姻中角色的变化:心理学家的发现警示着离婚率上升"的文章。该文引用了五位来自美国不同地方的心理学家的观点，他们认为离婚的原因向来是妻子"不够女性化"。

《现代女性：失去的性别》所提出的观点也渗入了美国的政治文化。1952 年和 1956 年民主党总统候选人阿德莱·史蒂文森（Adlai Stevenson）在 1955 年史密斯学院毕业典礼上演讲时提出了他对这一观点的诠释。史蒂文森表示，他并不同意《现代女性》的结论。他反驳道，受过大学教育的女性更能帮助她们的丈夫"找到工作的价值和目标"，更能使子女懂得"每一个人的独特性"，因此也能更好地"激发起……对生活和自由的意义的愿景"。他暗示，美国如今在国际和国内都面临着苏联在行动上和共产主义意识形态上的威胁，因此女性的这种激发作用相当重要。史蒂文森对毕业生们说，当她们"抱着宝宝坐在客厅里"或是"拿着开瓶器站在厨房里"的时候，必须谨记"家庭主妇这一卑微的角色"也在这乱世的"危机"中贡献良多。

阿德莱·史蒂文森在无意间提到了不同的社会身份，这使得他的评论在 20 世纪 50 年代很容易为人们所接受。抛开这一点不谈，他间接地驳斥了《现代女性》的主要观点，即高等教育不利于女性成为好妻子和好母亲，有损其心理健康及社交健康，也妨碍其在性方面获得满足感。史蒂文森认可了高等教育对于女性的价值，也正是他的观点引起了弗里丹的注意。她追问史蒂文森是否秉持公正的态度。弗里丹同意高等教育能使女性成为更好的妻子和母亲，却不认为她们对美国社会所作的贡献仅限于照顾宝宝和准备晚餐。

弗里丹想知道和她一起毕业的同学们是否也有相同的观点。她请玛丽安（马里奥）·英格索尔·豪厄尔〔Marian (Mario) Ingersoll Howell〕和安·马瑟·蒙特罗（Ann Mather

Montero)两位同学帮她做调查；她们三个碰了几次面，讨论调查问卷的重点并设计问题。为了激发同学们思考如何看待自己，她们既设计了标准问题以考量社会经济因素，也准备了开放式问题以显示调查对象作为妻子和母亲在性、智识和情感方面是否"获得了真正的满足"。调查问卷寄了出去，弗里丹要求全体同学"诚实、深刻地反省"自己的状态，要"坦率"，要"详述精神"把她们引向"何方"。只有 200 个人回答了问卷，不到 1942 年毕业人数的一半。

对调查问卷的回答作了统计和分析后，弗里丹发现自己是对的：大多数调查对象认为她们所受的教育并没有妨碍她们享受性满足和做母亲的快乐，说明《现代女性》的理论并不能成立。同时，她们也不支持史蒂文森的观点，并不认为受过大学教育的女性会满足于"卑微的家庭主妇"这一角色。大多数的调查对象（74％）认为，她们所受的教育使她们产生了组织或参与社会服务的愿望，希望能追求个人兴趣及施展才华，或者在孩子长大后继续接受教育并开创事业，而且她们也有实现这些愿望的能力。在弗里丹看来，这次问卷调查的结果同样显示，当前关于女性社会角色的理论（那些流行的弗洛伊德理论）是不正确的，并有损女性的幸福感。在 1957 年的 15 周年同学会上，弗里丹向同学们陈述了她的这些观点。

同学会结束后，弗里丹认为，史密斯学院问卷调查的结果很适合写成文章发表在主流女性杂志上，于是她把这一选题寄给了编辑们。《麦考尔》杂志的编辑很喜欢她的想法并让她写成文章。为了引人注意，她将文章命名为"女人上大学是在浪费时间吗？"。根据她对史密斯学院问卷调查的分析，她给出的答案是"不"。大学教育并非如《现代女性》所说是造成女性情感问题的原因，其目的也不仅仅是政治文化所指的为了使女性成为更好的家庭主妇。相反，弗里丹主张，大学教育使女性可以将其兴趣、爱好、抱负与妻子和母亲这两个家庭角色结合在一起。贝蒂·弗里丹用简洁的语言反驳道，女性有权拥有丈夫和孩子，也有自由"在有生之年做一些特别的事——有自己的兴趣爱好"，后者是她自高中时代就坚信的观点。

《麦考尔》的编辑们所期待的文章是阐述受过大学教育的女性如何理解自己作为妻子和母亲的角色在冷战期间的必要性，就像史蒂文森所指的那样。然而，他们面前的文章却断言受过大学教育的女性不仅有权在家庭之外拓展生活圈子，还应立即行使这一权力。编辑们不喜欢这样的论调，于是拒绝刊出文章。弗里丹又震惊又生气，又把文章寄给了《妇女家庭杂志》(Ladies' Home Journal)，而这本杂志的编辑改写了她的文章，使观点与原文截然相反。弗里丹一气之下将文章收回，然后寄给了《红皮书》(Redbook)。这本杂志的编辑吉姆·斯特恩(Jim Stern)读过文章后也拒绝刊登，他很欣赏弗里丹的文章，但觉得"她疯了"，因为只有"最神经质的主妇"才会认同她的文章。

收到斯特恩的拒信的那天，弗里丹正带着孩子们在纽约城看儿科。她在地铁上读了斯特恩的信，认为他大错特错。事实上，她告诉自己，所有的编辑都错了。那一刻，她意识到不会有一本女性杂志愿意发表她的文章，因为这篇文章不符合女性杂志的市场营销策略——为女性提供有用的、有趣的、无危害的信息。弗里丹和孩子出了地铁后，她立即到公用电话亭打电话给她的经纪人玛丽·罗德尔。她告诉罗德尔不必再把文章寄给女性杂志了。她已经决定写一本书，并要约见诺顿出版公司(W. W. Norton and Company)的编辑乔治·布罗克韦(George Brockway)。挂断电话后，弗里丹带着孩子们看医生去了。

和布罗克韦见面时,弗里丹描述了她的研究并解释其如何得以成书。布罗克韦对她的文章印象深刻,也对这个选题饶有兴趣,于是和弗里丹订了一份合同,同意向她预支3 000美元,一年内交书。

弗里丹此时已有合约在身,需要在完成家庭责任及负责社区资源库的同时找时间做研究、访问和写作。贝蒂明白自己不可能在家中工作,因为太容易受干扰。现在,小女儿埃米莉已经上幼儿园了,她每周可以有3～4天去纽约城。她在纽约公共图书馆(New York Public Library)的弗雷德里克·刘易斯·艾伦室(Frederick Lewis Allen Room)里找到了一个免费的地方工作。这简直是一个隐居地,没有电话、打扰和家务。

在纽约公共图书馆工作益处多多:她可以请工作人员从馆藏中检索资料,她在这里也很有归属感,因为很多作家也在此工作。这里的大多数作家是男性,贝蒂常常与他们一起午餐,很享受与他们的友情。但他们却常常笑话她写关于女性的书,暗示她的工作没有他们的有价值。弗里丹因这种轻视的态度深感受伤,最后借口太忙而不和他们一起吃午餐。

处理完细枝末节的事后,贝蒂·弗里丹开始拓展她的观点来写书。首先,她需要在对史密斯学院1942届的200名毕业生的调查的基础上扩大研究范围。因此,她决定访问处于不同人生阶段的女性——高中生、大学生、年轻主妇和母亲,以及中年妇女。她清楚地知道自己想要调查的内容,即居住在郊区的中产阶级女性及上层中产阶级女性的态度与生活方式。在接下来的两年里,弗里丹对居住在大纽约区、芝加哥及波士顿郊区的80位女性进行了访问。令她感到遗憾的是,她没有经费前往南部及西部的州。

弗里丹通过这些访问了解到女性的态度有时可以印证史密斯问卷调查的结果，有时则截然不同。比如，她在 1959 年访问史密斯学院的高年级学生时发现这届学生与 1942 届学生不同，她们更加关心自己的婚姻而不是智识的提高，这一变化使她感到沮丧。弗里丹访问年轻主妇时也发现她们不同于她和她的同学们，很少参与家庭之外的有意义的活动。相反，她们常常认为自己空虚、人生不完整、疲劳、无聊。这么多女性感到不快和受挫，这使弗里丹很烦恼，因为她找不到合适的词来定义或概括这些感受。

1959 年 4 月的一个早晨，弗里丹总算想出如何清楚地描述出这些难以名状的感受了。那一天，她约见了住在她家附近住宅区的 4 位女性。喝咖啡时，其中的一位母亲"用一种平静的绝望的语调"谈到了"一个问题"。她简单的陈述引起了朋友们的共鸣，她们明白这不是与丈夫、孩子或家庭有关的问题。弗里丹在《女性的奥秘》中写道："突然，她们意识到她们有着同样的问题，一个说不清楚的问题。"对其他年轻妈妈的访问也证明"这一问题"普遍存在。比如，弗里丹与一位 19 岁辍学嫁人并生了孩子的女性谈话，这位年轻的母亲说："我已经尝试了所有人们认为女人应该做的事——培养爱好、园艺、腌制食物、加工罐头食品、与邻居交往……我全都能做，我也喜欢做，但这些不能给你留下任何念想……我绝望了。我开始觉得自己没有个性。我只是一个侍候别人穿衣吃饭的人，一个铺床的，你需要任何东西都可以叫我。但我是谁？"

除了做访问，贝蒂·弗里丹还将注意力放在女性杂志上。作为一个自由撰稿人，她痛苦地意识到编辑们总是炮制一些快乐主妇的传奇。但她并不确定编辑们的态度是否向来如此。为了确定这一点,弗里丹将 1939 年、1949 年和 1959 年同一月份发表在《妇女家庭杂志》、《麦考尔》、《好主妇》和《妇女家庭伴侣》(*Woman's Home Companion*)上的小说女主角作了比较和分析。结果很惊人。20 世纪 30 年代的故事女主角通常具有冒险精神,有魅力,自力更生,有着自己的奋斗目标。而到了 1949 年时,女主角就被塑造成放弃工作投入家庭的主妇了。1959 年,女主角除了家庭之外没有其他任何抱负,对时事也没有兴趣。如今的女主角则更年轻、更像孩子、更依赖人,她们只盼着嫁人和生子。

这些发现促使弗里丹去找编辑们了解这些变化的原因。他们告诉她,只有当政治、艺术、科学、思想、冒险、教育等议题与为人妻、为人母的情感立场有关时,读者才会感兴趣。譬如,一位编辑坦言,当开发商们决定在郊区增建防空洞时,他曾考虑发一篇题为"如何在原子弹防空洞里生产"的文章。但面对弗里丹的询问,这位编辑也承认他从未考虑过要发一篇揭露原子弹具有毁灭人类的威力的文章。弗里丹还得知,女性杂志的编辑们不愿刊登有关南方民权运动如何影响 1960 年总统大选的文章,因为他们认为种族歧视的议题与读者无关。

对编辑们的访问促使弗里丹将早期女性杂志上的非小说类文章与 50 年代女性杂志上的非小说类文章进行比较。弗里丹发现,这些杂志在 30 年代和 40 年代刊登过各种讨论政治与社会热点的文章。沃尔特·李普曼(Walter Lippman)写过美国的外交关系;哈罗德·史塔生(Harold Stassen)和文森特·希恩(Vincent Sheean)写过斯大林、德国的迫害犹太人运动和新政(New Deal);亚伯拉罕·林肯(Abraham Lincoln)的传记作家卡尔·桑德伯格(Carl Sandburg)详述了内战后总统被刺的细节；还有一位作家讲述了玛格丽特·桑格（Margaret Sanger）的计划生育运动。一位编辑告诉弗里丹，这种文章决不能可能出现在 50 年代末的女性杂志上。

通过访谈以及对女性杂志的发展历程的回顾，弗里丹得出结论：编辑和广告商在一定程度上受到了冷战文化的影响。正如伊莱恩·泰勒·梅所驳斥的，他们所相信的家庭的"影响力"其实是为"国内遏制政策"服务的。在郊区家庭中，小家庭的凝聚力能够阻碍"可能"对美国社会造成威胁的"危险的社会力量"，因此，作为妻子和母亲的女性就成了遏制政策能否成功的关键。

尽管弗里丹通过调查工作了解到"国内遏制政策"确有影响力，但她不认为这是社会迫使女性留在家里的唯一的，甚至最具说服力的解释。于是，她运用自己的心理学知识以及作为记者的专业本领来分析问题。弗里丹从埃里克·科夫卡和埃里克·埃里克松这样的"心理学大师"那里学到的知识以及她多年亲身采访的经验促使她思考"是什么赋予女性的奥秘以权力"。

为了回答这一问题，贝蒂·弗里丹考查了西格蒙德·弗洛伊德（Sigmund Freud）的人类性学理论对美国的文化态度所产生的影响。其中，"生理结构即命运"以及"阳具妒羡"现象这两个配套理论尤其使女性感到比男性卑微。弗洛伊德认为，一个人的性别已经预先决定了其从婴儿到成年的自然人格，当小女孩发现自己的生理结构与哥哥不同就会感到自己和所有的女性（包括她的妈妈）都是卑微的，是残缺的男性。对阳具及其代表的权力的渴望是弗洛伊德对女人和女孩的核心观点。这便可以解释为何"正常"的女性渴望拥有丈夫、生男孩以作补偿，这决定了她人格的全部：神经过敏、关注自己、缺乏创造性和理性思考的能力。

弗里丹认为,弗洛伊德和他的追随者们没有抓住要点。毫无疑问,女孩和女人会感到不完整,但绝对不是因为缺了阳具。女孩和女人之所以觉得自己不完整是因为社会没有给予她们权力和机会,让她们像她们的丈夫和兄弟一样走出家庭去实现自己的抱负。简单地说,问题不在于生理结构,而是文化如何通过定义男性和女性的角色来诠释生理结构。

重新思考了弗洛伊德的理论之后,弗里丹继续分析他的理论是如何在社会学和文化人类学的领域内形成臆断的。弗里丹发现,社会学家塔尔科特·帕森斯(Talcott Parsons)在其家庭稳定性理论中应用了弗洛伊德的概念。帕森斯相信,明确的、按性别区分的角色是家庭稳定的关键,这意味着女性在家庭之外追求职业发展和个人兴趣将破坏这一稳定性。文化人类学家玛格丽特·米德(Margaret Mead)也参与了关于生物学与身份的辩论。弗里丹发现,米德因女性的生物功能盛赞女性,这一点在她 20 世纪 40 年代至 50 年代期间的作品里尤其突出,这说明她是以弗洛伊德理论的视角去解释文化人类学数据的。

每有一个新的发现,弗里丹就会产生一连串疑问。最后,全面研究这一话题的诉求变得相当强烈。她考虑了西蒙娜·德·波伏娃(Simone de Beauvoir)的《第二性》(*The Second Sex*)(1949 年)及埃里克·埃里克松、亚伯拉罕·马斯洛(Abraham Maslow)等弗洛伊德修正主义者的观点。她更多地了解了第一波女权运动(1848~1920)的情况并浏览了高中生和大学生的关于婚姻和家庭的教科书。最后,弗里丹调查了杂志广告和电视广告中出现的女性形象,评价了小说、电影、电视剧中的女性角色。研究完成后,弗里丹开始写书了。

贝蒂·弗里丹的《女性的奥秘》的核心论点是现代女性会感到不幸福，会产生"说不清楚的问题"，是因为她们被置于一个仅由性别来决定的"位置"，在这一角色当中，女性最重要及唯一的功能就是成为妻子和母亲。这些限制使女性产生了被剥夺感，因为她们无法认同自己，无法将自己视作一个独特的人。其次，弗里丹指出，拥护美国文化的评论家和专家已经将接受家庭角色的意愿灌输给女性了：被洗脑的女性已然拥护女性的奥秘这一观念。

"一切就是这样吗？"通过提出这个问题，弗里丹娴熟并有力地剥除了女性的奥秘，使"现代女性"摆脱了这一文化束缚。弗里丹以受访女性的心声、对女性杂志的内容和意图的批判以及对弗洛伊德性学理论通俗化的抨击来论证自己的观点。弗里丹声称，广告商操控了女性，使她们相信使用最新式的吸尘器、漂白衣物可以获得成就感。她指出，女性杂志将家务劳动浪漫化，并将女性形象塑造成"满足于卧室、厨房、性、孩子和家庭"的样子。她详细地解释道，一旦女性对全职主妇的角色不满，精神病医生就认为她神经过敏，并使这种观点广泛传播。弗里丹指出，最可怕的是，女性的视野早在童年时就已被划定，她们的最高目标早就被设定为服侍丈夫和孩子了。事实上，家已然成为一个"舒适的集中营，将女性婴儿化"，迫使她们"放弃成人的判断标准"，摧毁她们的思想和情感。

在用一连串的例子质问读者之后，贝蒂·弗里丹提供了解决"说不清的问题"的方法：向"一切就是这样吗？"这一问题回答"不"。弗里丹给出的解决方案是强化自我——成为新女性。她借用了亚伯拉罕·马斯洛的"自我实现"理论，将新女性定义为有安全感的、自信的、自知的女性，她们会用自己的天赋、能力和潜力实现自我，并积极与他人交往。

　　由于大多数女性还没有实现自我,弗里丹在书的最后一章概述了这一过程。她带着一种紧迫感写道:"那些说不清的问题以及美国女性无法挖掘自身潜力的现实,将在生理和心理两方面给我们的国家造成巨大的损失,其危害超过了任何已知的疾病。"要防止这种情况出现,就要制订一个"妇女新生活计划"。这个计划的基础是大学教育。根据弗里丹的观点,大学教育可以让女性"找到自己,通过创造性的工作认识自己"。弗里丹写道:"我们现在需要的是一个全国性的教育计划,类似退伍军人权利法案,为想要继续学业的女性、重新接受教育的女性,以及愿意从事某一职业的女性提供机会。"和旨在帮助退伍军人的权利法案一样,这一计划将为"符合要求"的女性提供学费和其他补助金以支付诸如购书、交通等方面的花销,甚至必要的话可以提供家政援助。

　　贝蒂·弗里丹在1962年夏天完成了《女性的奥秘》,诺顿出版公司在1963年2月印发了3 000册精装本。为了庆祝这一成功,弗里丹把头发染成金色,并把房间粉刷成"令人愉快的紫色"。尽管节选了第一、二章的部分内容刊登在女性杂志上,但《女性的奥秘》一开始的销量并不好,评论和促销广告也很少。乔治·布罗克韦估计这本书会赔钱,因此拒绝加印,而且仅在《纽约客》(*The New Yorker*)上投放了少量的小广告。关于这本书的评论也很混杂。有些评论家对这本书很感兴趣,只是偶尔对其坚持犀利的文风有些抱怨;有些人则批评弗里丹一概而论,为其预想的结论寻找数据支持,而且忽略了一个事实——是传统习俗而非弗洛伊德的理论在压迫女性并形成了人们对待女性的态度。

　　卡尔·弗里丹深为妻子感到骄傲。他在公关行业小有作为,他告诉贝蒂应当为书作一些推广宣传。卡尔的主意增加了书的销量，贝蒂又不停地打电话、写信催促，布罗克韦终于同意加印，并外聘了一位推广顾问为贝蒂的书做宣传。这位顾问为弗里丹安排了几场巡回售书会和电视台脱口秀节目访问。尽管这些举措引起了人们的注意，带动了销量，但直到1964 年戴尔出版公司（Dell Publishing Company）买下《女性的奥秘》的平装本版权后，这本书才开始畅销。1964 年底，平装本的销量达到 130 万册，成为当年最畅销的非小说类平装图书。到 1970 年，该书印数达到 150 万册，弗里丹从售出的平装本和精装本中挣得了 10 万美元。

格尔达·勒纳（Gerda Lerner）被公认为当今女性历史领域内的领军人物，她是第一个看到弗里丹作品的价值和局限性的女性主义者。1963 年 2 月，刚在社会研究新学院开了新课"美国文化中的女性角色"的勒纳致信弗里丹。充满诚意的勒纳首先称赞"书写得很精彩"，"完成了一件十分重要、十分必要的工作"。这本书确实"动摇了很多自认为正确的观点"并"引发了很多有益的质疑"。她同意弗里丹所言，那些女性的奥秘的专家使得"她们的路走得太漫长"，她希望弗里丹的书可以引发争议，因为那时人们就会开始寻找新的解决方法。

然后，勒纳巧妙但明确地转向了对《女性的奥秘》一书的批评。勒纳指出："你仅仅强调了中产阶级、受过大学教育的女性的问题。"尽管这一视角对这一群体而言有价值，但在勒纳看来，其狭隘性一直是"多年来争取选举权运动的不足之处"，这"妨碍了女性的集体进步"。勒纳特别提醒弗里丹，"女性劳动者，尤其是黑人女性，不仅面临着女性的奥秘所带来的不利，还遭受着更深重的经济歧视"。因此，若"不"将这些女性群体"考虑在内"，忽视"她们对走出这些困境所能作出的贡献"是女权运动"所不能承受的代价"。工人阶级女性的"迫切

WHAT KIND OF WOMAN ARE YOU?

FRANTIC COOK?

Chauffeur?

Smothered
Mother?

TOO INVOLVED?

Restless?

Interesting?

Informed?

Responsible
Parent?

Motivated?

Satisfied?

BETTY FRIEDAN
author, "THE FEMININE MYSTIQUE"

Betty Friedan will help you decide when she speaks on

"A NEW IMAGE OF WOMAN"

Attend Temple Emanu-El Sisterhood

DONOR LUNCHEON

Tuesday, October 29, 1963

Sherry - 11:30 a.m.   Luncheon - 12:15 p.m.

贝蒂·弗里丹制作的宣传广告
©哈佛大学拉德克利夫研究所施莱辛格图书馆

的需求、数量及组织经验"对工会"寻求解决女性问题的制度上的方法"至关重要。为了证明其观点，勒纳告诉弗里丹，一个女性面临的问题不能单靠"一个家庭"来解决。只有团结在一起形成一个包含工人阶级女性和不同族裔女性的更大的"集体"，大家一起努力才能寻得出路。

在这篇批评里，勒纳是第一个向弗里丹这本"精彩的书"提出异议的人。但她的批评也为寻求解决女性问题的"新方法"铺平了道路。勒纳写道，"我总在想，我们不仅需要一个你所建议的好的教育计划，还要进行系统的社会改革，譬如托儿所、产妇津贴和公共家政服务"，这些应该合法化，并得到政府的资金支持。最后，勒纳提议她们不妨见个面以便深入讨论女性面临的问题以及她对于社会改革的想法。弗里丹和勒纳素未谋面，但是身为美国全国妇女组织的主席，弗里丹将勒纳的"系统的社会改革"中的许多主张写进了组织议程，并在20世纪90年代不断地呼吁实现这些改革。

格尔达·勒纳的批评是对的。在很大程度上，贝蒂·弗里丹由于自身经历而忽略了那些在肤色、性取向、教育程度或社会经济背景方面与她不同的女性群体。另一缺点是弗里丹暗示"女性的奥秘"的观念是第二次世界大战后的现象，而事实上这只不过是对19世纪的"独立圈"概念的进一步发展。她让人觉得20世纪50年代的女性比过去更受压迫，这并不准确，其实，相当多的女性对她们的生活方式感到满意（根据1962年的盖洛普民意测验，满意人数占了60％）。此外，历史学家乔安妮·迈耶罗维茨(Joanne Meyerowitz)在弗里丹的论据中发现了漏洞。在1993年发表的《超越女性的奥秘：对战后大众文化的再评价(1946–1958)》("Beyond The Feminine Mystique: A Reassessment of Postwar Mass Culture, 1946–1958")一文中，迈耶罗维茨通过对女性杂志上的非小说类文章的分析,认为考虑到郊区主妇的局限性,弗里丹的主张夸大化了。

那么,为何《女性的奥秘》极具影响力并引发了第二波女权运动?记者玛丽·沃尔特(Mary Walter)指出:"当弗里丹写下'一个烤土豆没有世界那么大,用吸尘器给客厅地板吸尘——无论有没有化妆——都不是需要足够的思想和精力来挑战女性的才能的工作。女性是人,不是填充玩偶,不是动物'时,她就好像一束光照亮了镇上的那些四四方方的房子。"沃尔特指出,《女性的奥秘》的力量在于弗里丹把说不清、道不明的郊区主妇的委屈说了出来。她使用了叙事的方式,她所提出的建议也不会对主妇构成威胁。首先,在讲述中,弗里丹用人们在咖啡聚会上说的白话来传递她的信息。她以一种友善的、富有同情心的、推心置腹的语气来叙述事例和论据,而女人们和朋友喝咖啡说话时也是这个语气,女性杂志上的文章也是这个语气。弗里丹充满激情,生动地描绘了那些遭受"说不清的问题"折磨的女性的无聊和冷漠。这样一来,她不仅表现了女性的委屈感,也给出了一个解释——"女性的奥秘",这一解释是所有女性都认同的。不仅如此,弗里丹的解决方案——一个女性教育的权利法案——非常容易为中产阶级价值观所接受。最后,《女性的奥秘》虽是针对中产阶级家庭主妇的,却引起了其他女性的共鸣。尽管工人阶级女性和不同族裔的女性仍是局外人,但她们中的很多人都想进入美国的中产阶级。因而,弗里丹的书成了女性应该如何去体会、去思考的启蒙读物。

诚然,《女性的奥秘》深受广大女性的欢迎,让贝蒂·弗里丹感到高兴。但写作这本书已经成了一个更深层的、更个人的体验。后来,她在接受访问时说,写《女性的奥秘》是"一种本能……超越一切经历"。收集信息、思考理论和写作的过程尤其要求她直面长期存在的、感受深刻的与母亲的冲突。在写这本书以前，弗里丹认为母亲"是不完整的、无用的———个永远为新的委员会、新的理由忙碌的女人"。自童年起，她就痛苦地意识到母亲的不幸。但写作《女性的奥秘》使弗里丹意识到她母亲被剥夺了上大学和工作的理想，只能将这个梦留给她的孩子，尤其是她的两个女儿——贝蒂和埃米。

1963 年春天，弗里丹决定把第一版精装本《女性的奥秘》寄给母亲，她还想随书附上私人留言。当她思量着写什么好时，她想起 1938 年前往史密斯学院前与父亲的一段对话。那一天，贝蒂又向父亲抱怨母亲的行为。哈里·戈尔茨坦让女儿住嘴，不许她贬低母亲。他说："你母亲使你拥有她不能拥有的优势。她不能像你这样离开这里。"

也许正是父亲的这席话使贝蒂·弗里丹决定在 1963 年写给母亲这些话：

> 对于我们所经历过的一切困难，是你给了我力量去突破女性的奥秘，而我想，这些对于埃米莉来说也许将不再是问题。我希望你接受这本书，因为它是对你和我的生活价值的肯定。

然后，她把这个留言附在一本第一版精装本《女性的奥秘》里，将包裹寄给了母亲。

6

不情愿的女英雄

我们这些为争取平等而开展妇女运动的人都是不情愿的女英雄……我们身为女性，和每一位女性一样……我们走到一起，每个人都至关重要、必不可少，最后形成一股巨大的力量——相互激励，一起行动，产生连锁反应，直到妇女运动在美国社会的各阶层全面爆发。

贝蒂·弗里丹《它改变了我的生活》(1976年)
(Betty Friedan, *It Changes My Life*,1976)

1963年,贝蒂·弗里丹已经很有名气了。那一年仲夏,《女性的奥秘》登上了各种畅销书榜单。弗里丹参加了电视脱口秀节目为自己的书做宣传,结果非常成功,演讲邀请也接踵而至,1963年11月的《生活》(*Life*)杂志还以她为题做了特别报道。为了安排好演讲的日程和合约,弗里丹雇用了一位经理人,并嘱咐他在两场演讲中间留出两周的时间来陪丈夫和孩子。演讲和售书所得大大增加了贝蒂的收入,弗里丹夫妇用这些钱来偿还欠债、重新装修房子。然而,弗里丹为她的成功和成名付出了沉重的代价:为朋友和丈夫所背弃。

弗里丹成了畅销书作家,也成了"罗克兰县人避之唯恐不及的人"。她和卡尔都喜欢招待朋友,而今却无人登门,他们也不再被邀请参加社交聚会。贝蒂原来和盛景小区的妈妈们轮流开车带孩子们参加各种活动。而现在，这位畅销书作家的日程被排得满满的，显然无法履行责任，于是其他妈妈把贝蒂踢了出去。（其中也有嫉妒贝蒂名气的原因。）遭受排挤使贝蒂想起了往事。弗里丹在回忆录里这样写道："我又成为了皮奥里亚的那个 14 岁的我，女孩们不准我加入女生联谊会，只因我是犹太人。"而这一次却不同。她被邻居们排斥不仅是因为名气大，更重要的是，她的书获得了认同，而书里的观点所质疑的正是拼车团中其他母亲的生活方式。

遭到丈夫的背弃则更让人痛心。贝蒂和卡尔之间的问题已经存在多年，而《女性的奥秘》一书的成功使他们的矛盾更为激化。尽管卡尔也为妻子的成功感到自豪，但也对她的名声心生妒忌，尤其在聚会上被介绍为"贝蒂的丈夫"时，他感到颜面尽失。作为报复，他常在聚会上行为粗鲁、满口脏话，还有了外遇。卡尔的行为激怒并伤害了贝蒂，因为她觉得丈夫剥夺了她应得的快乐。

为了缓和矛盾，弗里丹夫妇决定在 1964 年末搬到纽约城。他们对郊区生活大失所望，想要回到充满激情和智慧的城市。他们以 17 000 美金买下了达科他公寓楼(The Dakota)里的一套公寓，这栋大楼是中央公园(Central Park)旁的一座传奇的砖式旧建筑。新房子比他们的维多利亚式别墅小，只有 7 间洞穴似的房间，天花板很高，有一间门厅、一间餐厅、一间书房和两间浴室。他们迅速地装修了房间。卡尔搬来了书架，贝蒂为厨房选了深蓝绿色的地砖，窗帘和其他饰物则用鲜艳的红色和紫色。他们一起粉刷了墙壁，并在二手商店里买了一块东方风情的旧地毯。为了在假期和周末远离城市，弗里丹夫妇于 1965 年在火岛上买了一幢度假屋，那里对贝蒂而言是一片乐土。在那儿，艾米莉可以骑车去朋友家，车篮子里载着她的狗默文（Mervin）；而丹尼和乔纳森学会了航海；他们还在那儿举办蛤蜊浓汤派对来招待朋友和邻居。新的居所帮助贝蒂和卡尔达成和解，这和解至少保持了几年。

家庭生活中的变化和混乱也影响了弗里丹的工作，她决定解雇经纪人并更换出版商。弗里丹要求经纪人玛丽·罗德尔在《女性的奥秘》出版前先节选部分内容登在女性杂志上，而罗德尔没有办成，那时她就开始对经纪人感到失望。罗德尔尝试过了，但编辑们告诉她弗里丹的书"夸大其词"、"难以接受"、"令人不快"，而且太"敏感"了。弗里丹无法接受这些拒绝之辞，便解雇了玛丽·罗德尔，聘用了玛莎·温斯顿（Martha Winston）。温斯顿对弗里丹的书很感兴趣，成功地把前两章的部分内容登在了1963年3月的《麦考尔》及1963年2月的《妇女家庭杂志》上。

1963年末，贝蒂·弗里丹与诺顿出版公司的编辑乔治·布罗克韦的关系也难以维系。让弗里丹气愤的是，布罗克韦很不情愿花钱推广和加印精装本《女性的奥秘》。而布罗克韦也受够了弗里丹夫妇不停地提出各种推销图书的意见。这时，兰登书屋（Random House）的编辑找到了弗里丹，问她是否计划再出一本书，如果是的话是否想换出版社。弗里丹答应碰面，在交谈过程中她提议写《女性的奥秘》续篇，探讨那些超越了女性奥秘的女性的"新生活方式"的本质。编辑随即与她签约，每年预付30 000美金，分三期支付完成。

弗里丹决定以"女性：第四维度"（Woman：The Fourth Dimension）作为第二本书的书名，并计划找一些已经采用了"新生活方式"的女性作为实例。她认为，这些新生活方式意味着女性开始实践她在《女性的奥秘》中提出的"新生活计划"。为了印证她的观点，她需要再次访问女性。她想从读过或接触过《女性的奥秘》并生活在美国不同城市和社区的女性中找一群各不相同的人来谈谈。而会面的最佳时机莫过于她的演讲。从 1963 年年中至 1964 年年中，弗里丹以小组面谈的形式见了不计其数的女性，做了足足 20 本笔记。这些谈话使她坚信她正循着正确的路线：大多数女性想获得更强的自我认同感并想建立家庭之外的社交圈。此外，弗里丹还收到 1 000 多封女性的来信，她们在信中表达了打算改变生活的决定或意愿。

1964 年春天，弗里丹得到了一个绝佳的机会来展示她的研究成果。《妇女家庭杂志》的编辑请她编辑一个特刊，聚焦已经或想要超越女性的奥秘的人。她深感荣幸，于是接受了邀请。由于有合约在手，弗里丹以为，身为编辑的她有权自由决定内容和版式。因此，她决定招聘能够定义、阐释和探索那些将传统的家庭角色和独立的新形象结合在一起的女性的挣扎、挑战和成功的作家和插图画家来写文章、故事以及画封面和广告。关于封面，弗里丹提议画一个双面女人，从一张漂亮的、传统的多丽丝·黛（Doris Day）*式的家庭主妇的脸上浮现出一张坚强的妇女的脸。她还决定用真实的女性而非模特作为专刊人物。作为编辑，弗里丹将主笔专题文章。为了使版面更丰富，她邀请未来派社会评论家阿尔文·托夫勒（Alvin Toffler）撰文描写妻子开始追求事业时他的反应。对于更加实际的问题，弗里丹请人撰写了一篇文章，介绍工作或接受继续教育的母亲们如何照顾孩子，还有一篇《女性和金钱》（"Women and Money"）的文章则详述了女性的收入及对家庭

---

*　20 世纪 50 年代的影歌双栖红星。——译者注

财政的贡献，以及她们在家工作的可能性。弗里丹还想刊登反映新生活方式的小说。因此，她向多丽丝·莱辛（Doris Lessing）和琼·迪迪翁（Joan Didion）等人约稿，请她们来写小故事，因为她们的女主角的生活不被她们与男性的关系所左右。最后，弗里丹请 1950 年普利策文学奖（Pulitzer Prize）获得者格温德琳·布鲁克斯（Gwendolyn Brooks）为黑人女性写一首诗。

然而，现实情况是，《妇女家庭杂志》的编辑们收回了给予弗里丹自由的承诺。他们接受了她本人、托夫勒以及关于托儿服务的文章，但拒绝刊登关于女性和金钱的文章以及所有脱离女性特征的故事。他们也不同意用普通女性作为专刊人物，并在最后一刻把弗里丹的双面人放到了内页上，换上了"普通的、漂亮的女性杂志封面模特"。最后，编辑还拒绝刊登格温德琳·布鲁克斯的诗，这首激情洋溢的诗愤怒地描述了黑人女性在美国社会所面临的困境。与编辑们斗争、争取刊登布鲁克斯的诗，是弗里丹所经历过的最艰苦的战役。编辑被弗里丹不屈不挠的"强硬"惹火了，反驳她道，若想把诗登出来，可以花 5 000 美金把诗作为广告登出来——她是不会接受这个提议的。

尽管对结果感到很失望，弗里丹仍从这段经验中有所获益：她必须评估自己关于新生活方式的研究，以完成专题文章《女性：第四维度》。为了虚张声势，她开篇就说"所有关于女性的奥秘的争论看上去好像都过时了，在美国女性在生活和思想上所取得的大量突破面前，这一切都不再重要"。为了论证这一观点，她列举了很多超越女性奥秘的女性作为实例。弗里丹写道，这些女性已经不再将她们的生活仅仅局限于妻子、母亲和持家者这三种与男性有关的维度关系中，而是将

"第四维度"纳入她们的存在之中。弗里丹澄清道，第四维度是一个额外的动力，并非要否定或取代女性作为持家者所具有的传统的三个维度的特质。她也警示读者，这一新增的维度具有革命性的意义——它要求女性"改变看待自己的方式以及改变别人看待她们的方式"。尽管她的叙述并非全是哲学理论，但她警告那些选择增加第四维度的人必须无视存在主义者的"信仰的飞跃"，必须对界定自我认同是注重实效的这一点有所准备——它要求一个试验和错误的过程。

《女性：第四维度》一文强有力地提出女性已经开始超越女性的奥秘。但当回顾自己的研究时，弗里丹意识到真正追求新生活方式的只是一小部分人。结果，她不得不承认她的研究显示大部分女性仍陷在三个维度的生活方式里。弗里丹从这一重新评估中得出了新的结论。首先，充满希望的是，研究发现许多女性想在三个维度的、隔离的生活方式之外拥有一个富有意义的个人追求。其次，问题在于，研究显示阻挡女性前进的障碍在于缺乏必要的支持，如：优质的托儿服务、高收入的工作、高等教育的在职学位课程。

正是最后一个结论——很难获得必要的支持——促使弗里丹将她的研究转向华盛顿。在那儿，她将调查政府官员在制定社会政策时是否考虑了女性的需求。她满怀希望：7月2日，总统林登·贝恩斯·约翰逊（Lyndon Baines Johnson）签署了1964年民权法案，修正条款之一便是禁止在职场中存在的性别歧视。在弗里丹看来，这完全可以作为发起运动的根据，为女性实现第四维度的生活方式争取相关社会政策的支持，更重要的是，要在美国社会中实现完全的男女平等。

在弗里丹看来，1964年民权法案的第七款就和最高法院对1954年"布朗诉教育委员会"（Brown v. the Board of Education）

一案的裁决引发了民权运动一样，就是"使妇女运动成为可能的关键时刻"。第七条规定职场禁止性别与种族歧视，这意味着雇主不能再以性别为由拒绝雇用或提拔女性，也不能因其结婚或怀孕而解雇她们。这唤起了弗里丹的希望和热情，她依然记得当时的想法——女性"快要进入主流"了。女性目睹了黑人为维护人格尊严而拒绝工作或乘公交车，现在终于可以说"我们也不"了。

第七款成了第二波女权运动的催化剂，因为这是那些受够了二等公民地位的女性的集体诉求。这些女性在 20 世纪 60 年代初期形成三派，都有各自的政治观点。贝蒂·弗里丹所在并领导的一派主张政治上的自由主义。作为自由女权主义的领导者，弗里丹和她的支持者呼吁强制的公共政策以确保女性获得平等和公正的待遇。她们从马丁·路德·金（Martin Luther King）以及 60 年代晚期的西泽·查维斯（Cesar Chavez）所领导的社会改革所激起的呼声中受益良多。更重要的是，弗里丹在政治上获得了数以万计的女性的支持，她们都把政治上的激进主义视为争取妇女权利、自己从女性的奥秘中解放出来的方式。

弗里丹的政治观中右倾的一面体现在关于职业女性的传统议程上。1961 年，约翰·肯尼迪（John Kennedy）成立了妇女地位问题总统委员会（President's Commission on the Status of Women），授权这个委员会提出建议以根除政府部门、私人企业中存在的性别歧视，并确定已婚或有孩子的职业女性所需要的支持服务。1963 年，这个总统委员会发布了调查结果。这份报告引用了薪资和工作种类方面的统计数据，证明了女性多从事低收入工作，比男性更不容易获得升职。但报告未考虑到导致性别歧视的深层原因。例如，妇女地位问题总统委员会的报告支持立法以保护职业女性，却没有考虑到雇主会利用这一政策将女性安置在低收入岗位上。此外，委员会也反对平等权利修宪案（Equal Rights Amendment），这是自艾丽斯·保罗（Alice Paul）于 1923 年起草平等权利修宪案以来人们对职业女性所持的传统立场。也就是说，委员会也不认为平等权利法修宪案可以保障女性在就业和薪资方面的平等权利。

报告还建议设立永久性的国家公民咨询委员会和州委员会，以便持续收集职业女性的相关数据。肯尼迪总统采纳了这个意见。正如苏珊·哈特曼（Susan Hartmann）在《从边缘到主流：1960 年之后的美国女性与政治》（*From the Margin to the Mainstream: American Women and Politics Since 1960*）一书中所写到的，一旦 50 个州委员会开始调查和记录女性的"不平等地位"，就会使人们"意识到女性的忧虑并使之合法化"。而且，由于在国家委员会工作的女性能够获得有关女性所受的不平等待遇的第一手资讯，她们很快就成为了忠实的女权活动的积极分子，积极地响应贝蒂·弗里丹提出的想法。

弗里丹的政治观中左倾的一面体现在其组织的一些女性团体，这些组织结构松散，主张终止性别歧视和父权压迫制度。随着女性解放运动的开展，这些团体在 1967 年逐渐为人们所认同，而其中的大部分活跃分子都出生于第二次世界大战后的婴儿潮时期（1946～1965）。女性解放运动起初发端于 20 世纪 60 年代的新左翼（New Left）学生运动，与学生非暴力行动统筹委员会（Student Nonviolent Coodinating Committee）、学生争取民主社会运动（Students for a Democratic Society）合作过，还参与过反对越南战争运动。作为这些组织和活动的参与者，女人们和男人们一起要求根本性的变革以废除一切压迫性的制度,其中包括禁止种族隔离以及起草平等权利修宪案,某些人甚至要终结资本主义。

作为激进的左派成员,这些女性成员认为自己在组织中拥有的发言权和所承担的职责和男性成员是一样的。但她们错了。她们不仅被界定为"女性"角色,还被当作性交对象。这些行为促使她们将政治激进主义重新定位为一个私人问题;她们的使命也随之改为揭露女性受到的压迫并提供解决方案。以解除对女性的压迫为使命的女性解放运动像块磁铁一样,不仅吸引了新左翼学生运动的参与者,还吸引了其他大学女生、女性有色人种、女同性恋者,到 60 年代末,更年轻、更进步的美国全国妇女组织成员也加入进来。

分属传统派、自由派、激进派的支持者们均相信她们可以从 60 年代的着重于国内政治改革的社会改革中获益。1964年,林登·约翰逊(Lyndon Johnson)以压倒性的优势当选总统,这更加坚定了这三派人的信念。约翰逊决心要用其政治权力来建设一个"伟大的社会"(Great Society),并"向贫困宣战"(War on Poverty),希望以此作为其政绩而流芳百世。约翰逊的社会改革计划的核心是实施 1964 年的民权法案。为了实现这一目标,他在 1965 年设立了平等就业机会委员会(Equal Employment Opportunity Commission),以确保法案第七章的执行。此外,为证明其反对工作场所中的性别歧视,约翰逊承诺任命更多的女性来担任政府职位,并要求内阁成员提拔女性。

贝蒂·弗里丹并不满足于在《纽约时报》上读一些发生在女性身上的改变。由于她需要第一手资料,因此她决定将研究重心放在华盛顿。通过一系列的访谈和观察,她认为她能够找到一些方法以终止工作场所中的女性歧视并为超越女性的奥秘铺平道路。但她很快便失望了。

　　首先,弗里丹决定来看看约翰逊是否兑现了提拔政府机构中的女性职员的承诺。她发现总统并没有任命任何一位女性就任内阁成员,也没有提名任何一位女性就职最高法院。鉴于此,弗里丹想查明总统任命过谁,她们又做过什么。她发现,在各个机构中,女职员的"升职"大多只是"象征性"的。譬如,弗里丹采访了一位在国务院任职的女性,她的职位是"助理国务卿的助理",这是一个新设的岗位。这位"助理国务卿的助理"抱怨道,在她六个月的任期里只被安排做一件事——熟悉国务院的电话簿。在国务院时,弗里丹也问过为何年轻女性即使和男性职员一样通过了事务局的考试并获得证书,也不能被任命到驻外机关事务局(Foreign Service)工作。人们解释说,因为女职员一旦结婚就会被调离。弗里丹不解,人们又告诉她,因为政府认为这些有机会获取外交机密的女性在婚后有可能会向丈夫泄密。弗里丹询问是否男性在婚后也会被调职。回答是否定的。很清楚,人们认为女性很容易因扛不住压力而透露信息,但男性足够坚韧,能够保密。

　　接着,弗里丹决定与经济机会局(Office of Economic Opportunity)主任萨金特·施赖弗(Sargent Shriver)聊一聊,这一部门负责"向贫穷宣战"政策下的各种项目。弗里丹认为该部门应该任命女性,让她们参与政策制定,因为大部分穷人是有色人种女性以及带着孩子的单身母亲。但她却发现,这个部门中没有一个女性可以参与制定政策,也没有专门为高中就辍学的女性制定教育项目或为女性提供职业培训,让她们能找到收入更高的工作。

　　于是弗里丹又去调查平等就业机会委员会,这一部门应该更关注职场中的性别歧视问题。约翰逊总统任命了五位委员,四位男性和一位女性。富兰克林·罗斯福(Franklin

Roosevelt)与埃莉诺·罗斯福(Eleanor Roosevelt)的儿子小富兰克林·D. 罗斯福(Franklin D. Roosevelt Jr.)担任委员会主席。在五位委员中只有理查德·格拉厄姆(Richard Graham)和艾琳·克拉克·埃尔南德斯(Aileen Clarke Hernandez)赞成女权。1965 年 7 月，该部门开始招聘职员和处理投诉。

平等就业机会委员会就好像一家清算公司，专门受理对职场中的种族歧视和性别歧视的投诉。但委员会的领导层却指示员工集中精力处理黑人男性的种族歧视投诉，而忽略女性提出的投诉。尽管存在这一隐性政策，但截至 1965 年底，仍有 1/3 的投诉都来自专业岗位与非专业岗位的女性。委员之一的艾琳·埃尔南德斯向来认为职业女性应该拥有平等权利，她对忽视职业女性诉求的政策和由男性主导的委员会感到失望。她后来注意到，委员会会议的与会者"都是男人，只要提出性别歧视的问题，几乎所有人都表示厌烦和抵制"。

平等就业机会委员忽视女性的申诉忽略与一直以来对职业女性的定位是一致的。从 19 世纪早期开始，雇主就将女性定位为"临时工"，因为他们认为一个女人的人生目标是成为妻子和母亲。因此，女人无需培训和升职。此外，雇主认为女人很情绪化，不能担当管理公司的重任，其才智也不足以领会科学、医学和法律等专业所需的理论，也不能够长时间工作或干体力活。她们是"较弱势的性别"。这导致了 1965 年和 1966 年间有数千女性向平等就业机会委员会申诉。这些诉求分为三类：报纸上的招聘广告按性别刊登在不同的版面；国家的保护性法律使女性停留在低收入职位上；职业资格（Bono Fide Occupational Qualification）审查规定就职某些岗位须符合年龄、婚姻状况和性别的要求。

最普遍的就是报纸上的招聘广告按性别刊登在不同的版

面上。这种划分方式是雇主提出的，从 19 世纪 90 年代起成了通行的方法。到 60 年代，如果一位女性想在银行工作，就会发现她只能应聘柜员；相反，若是她的兄弟求职，则可以应聘银行经理。

雇主利用保护性立法——保护女性在职场中免于过度的体力劳动的法律——使女性不需要超时工作，也不能申请需要体力劳动的高薪岗位。直到 1970 年，主要的工会组织仍支持保护性法律，因为这使需要养家糊口的男性可以安全地留在高薪职位上。同时，这一保护性法律也极大地削弱了 1963 年的《同酬法案》(Equal Pay Act)的效力。可见，雇主和工会的男性成员都受益于保护性立法，这一立法为他们提供了一个合法的理由来支付女性较低的报酬以及在经济不景气时辞去女职员。

职业资格审查同样使女性留在"她们的位置"上。雇主可以自由制定雇用员工的指导方针，不但可以设定"仅限女性"的岗位，还可以对其生活方式加以约束。弗里丹在访问女性时无意中发现了这样的事例。这些女性已经通过了驻外机关事务局的考试，但是一旦她们结婚便不能到驻外机关事务局工作了。更多的是航空公司女乘务员的申诉。从 20 世纪 50 年代起，几家大航空公司的女乘务员都开始要求取消所谓的退休政策。这几家航空公司制定的指导方针硬性规定女乘务员到 32 岁或 35 岁或结婚时必须离职。这些规定可以增加公司的利润，限制年龄及婚姻状况意味着航空公司无须再负担每年上涨的年薪、高额的社会保险税以及不断增加的医疗福利。还有一条潜规则，航空公司不会雇用不具备健康的"邻家女孩"这一美国形象的年轻女性。受聘者都是富有女性魅力的、年轻苗条的白人女性。对这些指导原则及潜规则的抗议始于 20 世纪 50 年代的两位美国航空公司（American Airlines）的女乘务员南希·柯林斯（Nancy Collins）和达斯蒂·罗兹（Dusty Roads）。1966 年，堆放在平等就业机会委员会的无人处理的申诉中有 92 起是女乘务员提出的。

贝蒂·弗里丹在调查平等就业机会委员会时，从艾琳·埃尔南德斯和理查德·格拉厄姆那里了解到委员会对性别歧视的申诉置之不理。贝蒂在与格拉厄姆交谈时获悉他曾与妇女选民联盟（League of Women Voters）、美国大学妇女联合会（American Association of University Women）以及其他总部设在华盛顿的女性组织的领导人碰过面。会面时，他要求这些机构向平等就业机会委员会施加压力，敦促委员会执行民权法案第七章中的"性别歧视"条款。格拉厄姆告诉弗里丹，这些领导人对他的请求感到很震惊，因为他们不是"女权主义者"。弗里丹得到了有关平等就业机会委员会的第一手资料以及他们奉行的潜规则，即他们不受理索尼娅·普雷斯曼（Sonia Pressman，后姓富恩斯特）提出的性别歧视的申诉的原因。刚加入平等就业机会委员会法律团队的普雷斯曼是唯一的一位女性工作人员，她和弗里丹见面时多次表达了对委员会政策的失望。她还建议，如果要产生实质性的变革，女性就需要一个独立的组织来为她们争取权利。

女工们向平等就业机会委员会提交了数千个申诉，委员会却置之不理，这激怒了像凯瑟琳·伊斯特（Catherine East）这样的在华盛顿的政府部门中工作的女性，伊斯特就是妇女事务局（Women's Bureau）的工作人员。伊斯特是国家委员会的协调员，该委员会是在 1963 年妇女地位问题总统委员会发表了一篇相关报告后成立的。作为协调员，伊斯特逐一调看了各州的统计数据，其中记录了职业女性在薪酬和升职机会上所遭受的不平等待遇。泡利·默里（Pauli Murray）是一位黑人活动家，也是一名律师，曾在妇女地位总统委员会工作，她也对平等就业机会委员会不遵守民权法案第七章的行为感到失望。1965 年 12 月，默里与司法部（Department of Justice）的律师玛丽·伊斯特伍德（Mary Eastwood）合著了《歧视女性与法律》（"Jane Crow and the Law"）一文。正如题目所指，文章告诫平等就业机会委员会不能再对性别歧视的案件的无所作为了。几个月前，国家妇女协会（National Council of Women）于 10 月在纽约城召开年度会议，默里在这次会议上公开宣扬这些观点。讲话中，默里直言不讳，称平等就业机会委员会不予处理性别歧视的投诉正是其狡猾地抵制民权法案第七章中的"性别条款"的证据。接着，她试图使听众明白，如果"有必要在华盛顿游行来为所有人争取平等的就业机会，我希望女人们不要退缩"。

弗里丹在《纽约时报》上读到了默里的讲话。她立即打电话给她。谈话结束时，弗里丹认为她们俩的目标是相同的：要求立即执行民权法案第七章的内容，哪怕为此成立一个组织，以游说这一方式来为女性争取权利。后来，这两位女性一起组建了美国全国妇女组织。事后看来，弗里丹给默里打的这通电话是引发第二波女权运动的一次极具历史意义的对话。

从研究和新结识的人中，弗里丹逐渐意识到，伊斯特、默里和普雷斯曼属于一个更广大的活动家圈子，她们笃信，只有成立一个组织来为女性争取权利，女性才能在经济和社会地位上获得平等，好比全国有色人种协进会（National Associational for the Advancement of Colored People）代表非洲裔美国人在法律和政策上争取公民权利。因此，伊斯特、默里以及其他人建议弗里丹凭借其畅销书作家的影响力为成立这样一个组织造势。

通常,在华盛顿做完一天的研究后,弗里丹便与这一活动家圈子的核心成员凯瑟琳·伊斯特及玛丽·伊斯特伍德见面。她们从晚餐时分一直聊到深夜,讨论组建一个妇女组织的策略,还列出了成员名单,专挑有能力和人脉来建立地方分会的女性。

此外,伊斯特和伊斯特伍德告诉弗里丹,她们需要雇用参加工会的女工。为此,她们建议弗里丹去一趟底特律,见一见美国汽车工人联合会(United Auto Workers)的领导多萝西·汉娜(Dorothy Haener)和卡罗琳·戴维斯(Caroline Davis)。汉娜和戴维斯安排弗里丹与工会里的女工见面。女工们讲述了她们在工会会议上为自己争取权利时所面临的斗争、搪塞以及恐吓,这些叙述令弗里丹想起了她在 20 世纪 40 年代末做劳工记者时所做的采访。

1966 年初,弗里丹已经确定:女性需要成立一个专为她们争取平等权利而奔走呼喊的组织。她有意成为这个组织的领袖。下一步则要确认这样一个组织是否能在地方和国家层面上获得女性的广泛支持。伊斯特提议,这个组织可以首先吸纳妇女地位问题总统委员会所设的国家委员会中的女性工作人员成为组织成员。时机也非常好:这些国家委员会的第三次年度会议将于 1966 年 6 月在华盛顿召开。与会者就是最好的受众,她们中的很多人都为女性在职场中遭受的不平等待遇而感到气愤。伊斯特为弗里丹弄到一张嘉宾证,这样她就能够在三天的会期内参加所有的会议。弗里丹、伊斯特和泡利·默里决定利用这次会议与一些女性见面,向其介绍她们的主张,这些人选都经过她们的仔细斟酌。她们将见面时间安排在会期的第二晚,地点就在弗里丹住的酒店房间里。但事情完全没按照弗里丹的计划发展。

伊斯特、默里和汉娜请来了国家委员会的核心成员。弗里丹还邀请了凯瑟琳·克拉伦巴赫（Katherine Clarenbach），因为她针对女性所遭受的不平等待遇发表了"尖刻的评论"。克拉伦巴赫是威斯康星州妇女地位问题总统委员会的主席及全国委员会联盟的首任主席，也是威斯康星州立大学政治科学专业的教授。那一晚大约有 15～20 位女性聚集在弗里丹的房间里讨论成立一个妇女组织的可行性。弗里丹、克拉伦巴赫和默里主导着这场讨论，不断地强调成立这样一个组织的必要性。对某些人而言，这场讨论的主导者已经全都计划好了，只需要得到其他人的同意而已。譬如，一位与会者记得，很快就有人提出以"NOW"作为组织名称的首字母缩略词，而默里已经在一本黄色的便笺簿上列出了组织计划。

有几个人感到压力很大，想要退出，她们认为组建任何妇女团体都太冒险了。与会者在得知"组建美国全国妇女组织"这一想法后都提出了她们认为应该考虑的问题，譬如"我们真的考虑过其他办法吗？"。当会议从原议程转向讨论其他办法时，气氛紧张起来了。弗里丹是典型的"一根筋"，说话又咄咄逼人，她显然被惹恼了，开始咆哮起来，要求反对者离开。一些人拒绝了。自此，期望大家一致支持成立一个妇女组织已经不可能了。发过脾气之后，大家决定提出两个决议案以解决大家担忧的问题。第一个方案是要求平等就业机会委员会执行民权法案第七章，受理关于性别歧视的案件；第二个方案是要求重新任命支持女权的理查德·格拉厄姆就任平等就业机会委员会委员。大家推举克拉伦巴赫向大会领导提交这两个决议案，然后就可以安排会员投票表决了。大家一离开，弗里丹就上床睡觉了，她深感受挫，心里很不是滋味。

在晨会上，大会官员担心向约翰逊政府施加压力会带来政治上的负面影响,因而拒绝投票表决克拉伦巴赫提出的两个议案。弗里丹和其他积极分子被这一行为激怒了,转而寻求更激进的策略。她们决定在午餐时坐在一起商量下一步行动。她们低声耳语,把某些想说的话写在餐巾纸上传来传去,就像在密谋一样,她们再度讨论了成立一个新组织。

午餐后,28 位女性聚集在一间小会议室中,成立了一个临时组织。这个会开了一小时,其决定包括将组织定名为"美国全国妇女组织",将中心目标定为"让女性充分参与美国主流社会,真正平等地与男性合作"。此外,她们推选克拉伦巴赫为临时主席,而克拉伦巴赫将选出一个执行委员会来协助她。会费定为每月五美元。这次会议对姬恩·博耶(Gene Boyer)来说是一个转折点,她来自威斯康星州比弗丹市。当她得知美国全国妇女组织须仰仗地方分会时,她想成为分会会员。博耶和许多人一样,也意识到有"国内有一大群失意的女权主义者无人问津"。当与会的另一位女性从钱包里抽出五美元并号召其他人也交钱、签字时,"美国全国妇女组织"对博耶来说更为真实了。博耶要赶回威斯康星州的飞机,急匆匆地走了,但她相信她和其他与会者共同参与了一个创举。

贝蒂·弗里丹则不可能怀有同样的激情离开。她肯定觉得不甘心,因为她没能进入领导层。被选为临时主席的是克拉伦巴赫,而不是她;有权选出执行委员会的还是克拉伦巴赫,也不是她。弗里丹担心这一年轻组织的主导力量将会从以她为代表的华盛顿活动家圈子转向以克拉伦巴赫为代表的中西部势力。

克拉伦巴赫在一周之内就选出了临时领导委员会来组建美国全国妇女组织,但弗里丹未在其中。弗里丹的阵营中也仅有泡利·默里被任命成为这个委员会的成员。克拉伦巴赫的选择暗示她希望这个妇女组织以推进妇女地位问题全国委员会的议程为重心并以中西部地区为发展中心。她精挑细选出的委员会成员也同样希望弱化弗里丹的角色，怕她公开承认的女权主义立场和光彩夺目、满怀斗志的个人风格会使其他女性对组织望而却步。

七月中旬，弗里丹意识到她已经被克拉伦巴赫排除在外，她感到痛心、愤怒，并且耿耿于怀。就个人而言，她觉得自己有资格成为美国全国妇女组织的领导人。在她心目中，平等就业机会委员会和其他政府机构的工作人员早就认定她为旗手。此外，她认为美国全国妇女组织的议程、策略及行动计划应对外公开、积极进取；否则，它也会像其他妇女组织一样不能带来实质性的改变。第三，弗里丹确信自己作为公众人物，在全国具有知名度，关键是能够吸引媒体的注意力，而克拉伦巴赫是无法做到这一点的。最后，弗里丹觉得自己能够吸引新成员加入组织——成千上万的《女性的奥秘》的读者，他们蜂拥而至，来听她充满激情的演讲，并表示他们时刻准备着为争取平等权利而展开公开争论和抗议。

为了应对中西部派系"接管"美国全国妇女组织的可能性，弗里丹邀请伊斯特和伊斯特伍德到火岛的避暑别墅来共商策略。第一天，这三个女人一起发了一通牢骚。然后，她们开始寻思如何调整克拉伦巴赫已经付诸实施的决定和方向。她们将重点放在三个问题上：首先，美国全国妇女组织的正式"启动"应该在纽约或华盛顿，因为这样能够获得更多的媒体关注；其次，创办人应包括激进的女同胞以及住在像纽约这样的大城市的女同胞；第三，弗里丹应在美国全国妇女组织中就任具有政策制定权的岗位，并为组织起草"宗旨宣言"。接着，弗里丹致电克拉伦巴赫。

尽管弗里丹没有记下这次谈话的氛围和内容，但想必是紧张的。而克拉伦巴赫还是意识到了弗里丹所提的意见的价值并应允了她的要求。对美国全国妇女组织取得初步成功至关重要的是，本来很可能无法合作的两位女性决定共同领导组织。弗里丹任主席，克拉伦巴赫则任委员会主席。弗里丹将凭借她在国内的知名度和独特的个人魅力来吸引媒体的关注，运用她的写作才华来起草组织的议程，并发挥她的聪明才智把美国全国妇女组织描绘成一个兼容并包的组织，能够吸引不同年龄、不同经济地位的女性。克拉伦巴赫则运用其专业知识、耐心和支持者致力于处理创建一个机构所必经的程序，她可以从中西部地区吸纳一大部分成员加入组织。正如《女权主义编年史》（*The Feminist Chronicles*）所记载的，克拉伦巴赫和弗里丹"在最高领导层面的分工"在当时"显然是明智的举措"。

1966 年 10 月 29 日，美国全国妇女组织"正式"宣告成立，这是五十年以来的第一个崭新的女权主义组织。300 位创办人中的 32 位聚集在首都《华盛顿邮报》（*Washington Post*）的"约翰·菲利普·苏译"会议厅开会。贝蒂·弗里丹在场，但凯·克拉伦巴赫不在。她们首先投票选出了组织的高级工作人员。除弗里丹和克拉伦巴赫之外，执行副主席是艾琳·埃尔南德斯，副主席是理查德·格拉厄姆，财务主管是卡罗琳·戴维斯。选出高级工作人员后，她们开始讨论组织的"宗旨宣言"（见附录 1）。弗里丹花了好几个月的时间来撰写这份文件，泡利·默里也帮了不少忙。

在起草"宗旨宣言"的过程中，贝蒂·弗里丹以各种方式明确地表述了她对于"女权主义"的理解。她在这份文件中所倡议的是"真正的性别民主"，并在第二波女权运动中将之付诸行动。为了达到性别民主，她呼吁在婚姻关系中重塑传统的性别角色，创造一种"真正的合作伙伴关系"，在这样的关系中丈夫和妻子将平等地分担家庭责任以及经济负担。同时，联邦政府和州政府必须参与扩大民主的进程，建立并资助诸如医疗保健、儿童保育、产假等支持性服务。

更具意义的是这份"宗旨宣言"的涉及范围。它的关注点跳出了受过大学教育的、生活在郊区的中产阶级或上层中产阶级女性这一狭隘的群体，而这恰恰是弗里丹在《女性的奥秘》一书中所聚焦的人群。"宗旨宣言"陈述了女性在职场中遭受的不平等待遇，号召人们采取行动、寻求变革。弗里丹那激情昂扬的写作风格所折射出的是她对"席卷全球的人权革命正在国内外展开"的热切的关心，她还指出黑人妇女是"承受着种族歧视及性别歧视的双重压迫的受害者"，她们中有三分之二的人在"收入最低的岗位上"工作。接着，弗里丹明确地指出，在一个坚持"所有人的人权不可分割"这一原则并宣誓要"积极支持那些为遭到歧视、被剥夺权利的人们争取平等权利的事业"的国家，必须实现性别平等和公平，这也是她一贯的政治立场，即追求社会公正、思想激进。

回头看看，美国全国妇女组织在 1966 年 10 月作出的这些决定对美国社会中的男男女女们产生了相当大的影响。然而，美国全国妇女组织的第一次会议完全没有引起国家的注意。《华盛顿邮报》将她们的相关报道《新妇女参政论者在抗议：弗里丹在为妇女平等而战》（"Neo-Suffragettes on the March: Mrs. Friedan Is Fighting for Women's Equality NOW"）刊在一则"大甩卖"的广告旁边，上方是外交官的夫人们相互寒暄的照片。《纽约时报》则把报道《她们在维多利亚风格的客厅里开会,要求"真正的平等"》("They Meet in a Victorian Parlor to Demand 'True Equality'")刊在一份火鸡菜谱之下。

历史学家露丝·罗森(Ruth Rosen)认为"各种女权主义民权组织的成立很可能不可避免",因为女性需要一个"能够从外部向政府施加压力"的非政府组织。但这在当时看来是一个"鲁莽的行动",吓跑了不少人。罗森指出,早期参加美国全国妇女组织的成员公开承认"自由主义的政治文化不足以体现女性生活的现状"。弗里丹很可能认同这一观点。在她看来,美国全国妇女组织改变了问题和解决途径的排列布局。一旦女性"敢于""以一个简单的标准,美国民主的标志——平等,恰如其分的平等"来"评判",那么,"区别对待"就不存在了。因此,女权主义者重新定义了现代女性的平等和自由,"颠覆了整个文化"。

如弗里丹所写,1966 年 10 月,在这些创始人休会前,她们都感到"这是一个梦想成真的令人感动的时刻",她们"真的能被写进历史了"。这是默里的感受。她给大家看一枚大奖章,那是一个在 50 年前参加为美国妇女争取选举权斗争的人赠予她的。她告诉大家,这枚奖章曾属于一位在监狱里仍以节食进行抗议的女性,她当时被关押的监狱就在大家开会的地方的附近。与会的创始人之一爱丽丝·罗西(Alice Rossi)回忆道:"一百年前,两位英国女性为了争取英国议会投票权进行了第一次请愿,她们不知道如何才能进入议会,只好藏在给议会成员运苹果的马车的底部。"接着——正如弗里丹所写的——"我们突然意识到我们必须要有自信和勇气,来面对早已展开的、复杂的、尚未完成的革命事业,并且发起一场新的运动,为全体美国妇女争取平等——真正的男女平等"。

　　之后，贝蒂·弗里丹和其他人各自回家，她们都下定决心，要为了每一位女性而投身于这场未完成的革命。

7

未完成的革命

> 如果有人在编写女权运动史时提到我,我希望他是这样写的:"她曾说女性也是人民,她曾把她们组织起来,并教会她们拼写自己的名字。"
>
> 贝蒂·弗里丹访谈(1970)
>
> (Betty Friedan, Interview, 1970)

詹姆斯·鲍德温(James Baldwin)曾说,黑人男性将永远无法获得自由,除非他们能够学会拼写自己的姓名;而贝蒂·弗里丹认为,女性只有学会清楚地说出自己的需求,她们才能在社会中获得平等的地位。弗里丹贡献了必需的"工具":她在《女性的奥秘》中把郊区主妇所受的不为人知的委屈讲了出来,她为女性提供了一张"字母表",让她们可以写出自己的需求。通过领导美国全国妇女组织,弗里丹又把"笔"和"纸"给了女性。

弗里丹参加了美国全国妇女组织的第一次会议后,已经准备好要领导未完成的革命,"带领女性充分参与美国的主流社会"。她无比兴奋,准备释放自己无穷的精力和影响力以确保革命成功。刚开始,各派系的支持者们相互较劲,对议题、职责分配以及适用的策略和战略争论不休,美国全国妇女组织因此而踌躇不前。强势、永不妥协的贝蒂·弗里丹使美国全国妇女组织免于被这种势力斗争拖垮。一位活动家曾说，我们需要弗里丹的强大力量——她的进取精神，原因有两个。首先，由弗里丹主导执行委员会会议将使美国全国妇女组织专注于采取行动以带来改变。其次，弗里丹在大学校园、社区团体和各种会议上发表演说，其人气和个人魅力激励着观众们在当地建立美国全国妇女组织的分会。

美国全国妇女组织在第一年非常弱小，仅有 300 名创始人，没有钱，没有工作人员，也没有总部办公室。因此，这个新生组织的领导层只能分头工作。身为主席的弗里丹在她纽约城的家中召开政策会议；担任执行委员会主席的克拉伦巴赫在威斯康星大学的办公室发布政策和会议备忘录；财务主管卡罗琳·戴维斯是美国汽车工人联合会的成员，便用工会的办公设备来打印资料、邮寄信件以及保存会员记录。缪丽尔·福克斯（Muried Fox）是美国全国妇女组织纽约分会的创始人，她在一家一流的公关公司工作，于是她利用职务之便为组织作宣传。尽管组织结构还不完善，但美国全国妇女组织还是在第一年取得了成功，这多归功于弗里丹的声望。

作为主要的创始人，弗里丹认为应该立刻采取行动。因此，在多次深夜政策会议上，弗里丹和她的核心集团成员把职场中的性别歧视列为议程的一项议题，因为这一议题已经获得了美国全国妇女组织的现有成员和潜在成员的广泛支持。这些战略会议领导了多次行动。第一次行动的对象是平等就业机会委员会。美国全国妇女组织向其施加压力，要求针对招聘广告按性别区分这一现象出台广告指导意见并举行听证会，还威胁委员会若不明令禁止性别歧视，就采取法律行动，并要求其任命女性担任委员并参与制定政策。第二次行动的对象是白宫的总统办公室：美国全国妇女组织要求约翰逊总统采取积极的行动来鼓励雇用女性。1965年，约翰逊签署了一项行政命令，要求与联邦政府有工作往来的公司在雇用工作人员时禁止种族歧视；美国全国妇女组织就此认为女性也应当享受同等待遇。第三次行动是为航空公司的女乘务员和女工们提供法律知识与支持，女乘务员一旦年满35岁即被要求辞职，而女工们因国家的保护性立法而无法加班和升职。

美国全国妇女组织的最后一击的目的是赢得公众的关注与支持。1967年8月，美国全国妇女组织纽约分会的成员组成纠察队前往《纽约时报》，抗议其按性别划分招聘广告。为了引起媒体的关注，抗议者身着过时的服装以强调报纸的做法"已经过时"。作为吸引媒体目光的策略，抗议是成功的。这次活动不但上了晚间电视新闻，《时代周刊》(Times)还对此进行了特别报道，并发了照片。12月，美国全国妇女组织宣布了一个反对平等就业机会委员会的全国示威日，并动员女性组成纠察队前往当地的委员会办公室。在纽约、华盛顿特区、匹兹堡、旧金山、芝加哥、亚特兰大，抗议者带来了几大捆用红色胶带捆起来的报纸，倒在"政府跟前"。在纽约，美国全国妇女组织的成员在几大捆报纸上印上了"《民权法案》第七章没牙齿；平等就业机会委员会没骨气"的字样。擅长"小题大做"的女人们再次向当地电视台透露消息，于是她们的行动又上了晚间新闻。

美国全国妇女组织向性别歧视发起的斗争不仅引起了媒体的注意力。第一年所取得的最具意义的胜利是林登·约翰逊总统所采取的行动。1967年10月，约翰逊签署了11375号行政命令，宣布联邦政府及与政府有合作关系的公司在雇用员工时禁止性别歧视。这些斗争成果影响深远：任何与联邦政府签订合约的大学或公司必须确保公平对待女性和少数族裔。同年，拥有 17 万会员的全国商业和职业女性俱乐部联合会(National Federation of Business and Professional Women's Clubs)认为劳工保护法直接或间接地在诸多领域内导致了性别歧视。这一团体的立场表明，很多其他组织都接收到了美国全国妇女组织发出的讯息。其他的胜利果实也相继而来：1968 年 8 月，平等就业机会委员会禁止按性别分开刊登招聘广告，这要归功于美国全国妇女组织的游说和抗议。在得到美国全国妇女组织的法律建议和公开支持后，航空公司的女乘务员在 1968 年的诉讼案中获胜，对婚姻状况和年龄的限制被取消。1969 年，受限于国家保护性立法而不能申请体力劳动(及高薪)工作的女工赢得了民事诉讼，这也多亏了美国全国妇女组织的拥护及其法律辩护和教育基金(Legal Defense and Education Fund)所提供的专业意见和金钱支持。

　　基于初期的胜利及即将采取的行动，贝蒂·弗里丹了解到，以反对性别歧视作为美国全国妇女组织的立足点的策略很奏效。因此，在 11 月 17～18 日于华盛顿召开的美国全国妇女组织第一届年度会议上，她就以这一成功策略作为自己的"第一号讲坛"。这次会议上，弗里丹夸赞组织会员道："在这发展迅速的一年里，我们为了争取完全彻底的平等，忙于组织各种行动——我们没有任何资源，每一天都有新的问题困扰我们，但我们有活力，能坚持，有奉献精神——以至于我们没有发现自己已经走了多远。"接着，她给出了"测量"她们"走了多远"的标尺：在一年内，美国全国妇女组织的会员增长了 4 倍，从 300 人增加到了 1 200 人；会员的显著增加意味着几乎"每周"都有分会在加利福尼亚州、伊利诺伊州、威斯康星州、俄亥俄州、新英格兰地区、宾夕法尼亚州、纽约、华盛顿及南方各州成立。但在弗里丹看来，更重要的是，会员们全都积极主动、迫不及待、乐于献身；正是她们的"认真的态度、坚定的决心、独特的想法以及优雅的风度"塑造了"美国亟须的女性的形象"。

随后，弗里丹给出了具体的例子，说明地方分会的会员是如何组织力量并在终止职场性别歧视方面取得伟大的成果的。在回顾这些事例时，她指出，她是正确的：把性别歧视作为美国全国妇女组织第一年的核心任务，使这个新生组织获得了必要的关注和信任。但弗里丹认为，尽管向性别歧视发起攻击使她们迈出了走向成功的第一步，但艰辛的漫漫长路才刚刚开始，她们要在社会、政治、经济等各方面为女性争取平等的待遇。这需要革命性的变革。为了达到这一目标，贝蒂·弗里丹号召美国全国妇女组织的会员们继续为这场未完成的革命而战。为了这场战斗，她起草了一份战斗计划——妇女权利法案（见附录 2）。

由弗里丹构思并起草的妇女权利法案列出了八项诉求，涉及各主要关注点和革命问题。这份文件把这场革命定位为主流改革，号召人们为职业女性采取积极的行动，争取更多的立法以保障女性也能接受高等教育并享受资助。更进步的是，这份文件呼吁扩大联邦政府资助的社会福利项目，包括带薪产假、儿童保育设施，并为贫困女性提供职业培训、住房、医疗及生活成本的资助。最具革命性的是，这份妇女权利法案要求女性有权合法堕胎，并且要求将平等权利修宪案（Equal Rights Amendment）写入美国宪法。合法堕胎及平等权利修宪案对弗里丹而言是"关键问题"。少了这两条，女性永远不会有"真正的安全、平等和人的尊严——无论她们留在家中还是外出工作"。弗里丹还意识到，并非所有会员都支持这两条具有革命意义的要求。

有些会员出于宗教信仰而反对堕胎，合法堕胎的诉求使她们疏远了组织。结果，一些天主教修女、执行委员会的部分成员以及一些"反堕胎"会员退出了。然而，这些人并未放弃女权运动，她们成立了妇女权益行动联盟（Women's Equity Action League），因而可以加入美国全国妇女组织，一起为终止职场中的性别歧视以及通过平等权利修宪案而奔走游说。

对平等权利修宪案的诉求意味着那些参加工会组织的会员可能会退出美国全国妇女组织。一直以来，工会的官方政策是不支持平等权利修宪案的，因为这一修宪案否定了工会一直支持的保护性立法。最大的损失是失去了卡罗琳·戴维斯，她是美国汽车工人联合会的会员，因此不得不辞去美国全国妇女组织财务主管一职。然而，失去戴维斯和其他工会会员是短暂的：1970 年，平等权利修宪案被重新提交给美国国会，包括美国汽车工人联合会在内的主要工会组织都决定支持修宪案。

贝蒂·弗里丹决定提出关于平等权利修宪案的诉求，将第一届美国全国妇女组织年度会议推向高潮。在陈述完妇女权利法案后，弗里丹发起了一个讨论会。讨论中，一些"经验丰富的妇女参政主义者"畅谈了自己的经验，她们曾为美国第十九次修宪案的通过而斗争，并从 20 世纪 20 年代以来就一直支持平等权利修宪案。弗里丹还记得，她们"向年轻女性诉说了她们的斗争史"。妇女参政主义者使新会员们欢欣鼓舞，并让她们意识到性别歧视比"狭隘的工作问题"要重要。

同样受到鼓舞的弗里丹告诉会员们，此时应由她们"来肩负历史的责任，从已经年老孤单的、疲劳的、勇敢的前辈手中接过争取平等的火炬，使它继续燃烧"。她们身为美国全国妇女组织的会员，必须承担起这一责任，这不但是向前辈效忠，也是为了年轻的女性将来可以"从我们手中接过火炬"。美国全国妇女组织的成员在 1968 年的母亲节纪念她们的前辈。她们在白宫前示威游行，那里也是妇女参政主义者在 50 年前举行抗议的地方。弗里丹和其他参与者们挥舞着"要权利不要玫瑰"的海报，把围裙扔进垃圾堆里。国会也通过支持 1972 年的平等权利修宪案来表达对妇女参政主义者的尊敬。

1968 年初，美国全国妇女组织正式批准并发布了妇女权利法案。这一法案明确地表明，美国全国妇女组织要在美国社会、政治和经济制度等各方面呼吁公平对待女性。由此，弗里丹通过使妇女权利法案成为一个行动计划，推动美国全国妇女组织向自由主义左派发展。同样重要的是，对弗里丹和其他领导人来说，这份行动计划列出了一系列定义清晰的目标，这有助于招募新成员、赢得公众支持、继续组织抗议行动及游说。

尽管取得了成功，但弗里丹很快发现，这场为了实现女性平等和公正的尚未完成的革命并非唯一的战斗。参与过女权解放运动的人也想要革命，一场更加彻底的革命。尤其是激进的女权主义者们，他们和不再抱有幻想的新左派人士一样，重新聚焦性别政治。在性别政治中，政治和文化都由男人来主导和定义，而女人是卑微的"附属品"。激进的女权主义者们想要把女性从性别政治中解放出来。性别政治的两大支柱是性别歧视和男性统治。性别歧视假定男性是比女性更有价值的社会成员。因此，在家庭和政府、宗教和教育、经济和教育等领域里，作为"家长"的男性比女性更能胜任组织工作。结果，性别歧视和男性统治导致女人无论是作为个人还是群体，都必须居于次等的、附属的位置，她们要依靠男人，并以其与男人的关系来定义自己。根据女权主义者的观点，这种二等地位是导致女性自卑、欠缺自信的一个因素。这种压迫必须终止。

参与妇女解放运动的女权主义者意识到，在女性能够采取行动终止压迫之前，她们首先需要明白是性别政治使她们的私生活只能局限于厨房、卧室、幼儿园，是性别政治决定了她们在媒体上、教室里、职场中所受的待遇。要直面过去必须先"提升意识"。激进的女权主义者创造并定义了这一概念，认为"提升意识"是一个过程，是某些女性对她们私生活中的政治方面的探索。在这些组织中，女性通过回答有关自己生活的问题来分享自己的经验。常见的问题有"谈谈你和男人的关系。你注意到任何重复的模式吗？""谈谈你和其他女人的关系。你有没有和别的女人抢过男人？""作为一个女孩，你在成长过程中所受的待遇和你的兄弟一样吗？"。

通过分享生活故事和质疑所谓事物的自然顺序，女人们开始用自己的双眼来审视她们的处境。清晰的愿景使她们反思自己所作出的选择，更重要的是去思考别人是如何支持或反对她们的决定的。接着她们意识到，过去的困难和束缚并非源于自身的"女性"气质，也不是因为她们缺少才干和智慧。

很多女权主义者都描述过"提升意识"带来的影响。例如，1968 年，美国全国妇女组织芝加哥分会创始人之一的乔·弗里曼（Jo Freeman）发现，个人问题是有"社会诱因及政治解决方法"的"普遍问题"。1968 年加入纽约激进妇女组织（New York Radical Women）的苏姗·布朗米勒（Susan Brownmiller）回忆道，"提升意识"是一个"把女性的生活掌握在男性手中当作一个政治现象来分析"的过程。和弗里曼、布朗米勒一样，很多女性也发现她们受压迫有着更深层次的文化、社会和经济因素。她们的个人生活植根于一个由男人创造并支配的政治社会：因此，个人即政治。

作为一个非结构性的现象，妇女解放团体以各种方式与性别歧视作斗争。有些人试着改变与男人的关系，有些人认为异性恋关系将女性锁在二等地位上。此外，并非所有的解放团体都支持激进政治。尽管有人仍留在新左派，但也有人已经放弃政治激进主义。然而，性别立场和政治立场的分立并未妨碍妇女解放运动的发展。1968 年至 1970 年间，女权主义讨论组分裂成不同的派系并成倍增加，渗透到城市、校园、郊区。妇女解放"并不是一个运动；而是心理状态"，1970 年，一名女权主义者这样告诉《纽约时报》的记者。

弗里丹并不同意妇女解放团体关于性别政治的论调，她也不同意"提升意识"就能使女性获得平等。相反，她坚持自己的立场，主张女性和男性必须一同工作，以便重构他们之间的关系。只有团队工作才能使男女双方都意识到男性也是"女性'只有一半平等权'"的受害者，"提升意识"是无法做到这一点的。这一省悟能使女性有自信在公共场合要求合法的公平对待，还能说服男性在私生活中承担起平等的责任。

弗里丹的雄辩和逻辑使她的主张对于居住在郊区的中产阶级已婚妇女极富吸引力，这一群体正是她的主要支持者。然而，她在实现男女完全平等这一点上缺乏远见——她只看到了一条成功之路，一条用她自己的计划铺成的路。因此，她开始在演讲、访谈和文章中攻击妇女解放。在弗里丹眼里，那些致力于以"提升意识"来认清压迫的人是"纸上谈兵"，她们都把男人当作敌人，喜欢"自怨自艾"。

同样地，身为主席的弗里丹反对美国全国妇女组织公开支持女同性恋者争取权利，她明确表示，妇女权利法案不包括

女同性恋者的权利。她和执行委员会中的其他人认为，如果
美国全国妇女组织在第一年就开始支持女同性恋者的权利，
她们就会被视为"反男性"的。弗里丹认为这将带来三个负面
影响。首先，如果美国全国妇女组织在成立初期就和女同性
恋者的权利牵扯不清的话，他们可能会失去异性恋的中产阶
级妇女的支持，而这一群体是他们的主要支持者。玛丽莲·
弗伦奇(Marilyn French)写道，弗里丹的"立场从一开始便是
争取女性权利但不疏离男性"，因为他们也是"这个分裂的、专
制的、丧失人性的社会的受害者"。其次，支持女同性恋者的
权利可能会使会员们像妇女参政主义者一样被人认为不正
常、过于"男性化"。正如谢莉娅·托拜厄斯(Shelia Tobias)在
《女权主义的真相》(Faces of Feminism)一书中所写的："弗里
丹懂历史：同性恋者在过去为何不得不隐藏身份？ 美国的妇
女参政主义者或任何直言不讳、不合传统的女性遭受了多少
有关性别的冷嘲热讽?"第三，贝蒂·弗里丹对美国全国妇女
组织有不同的设想：这个组织将利用其政治影响力来为女性
争取相关的政策和法律，以确保她们能在兼顾妻子、母亲的家
庭角色的同时实现个人抱负，拥有一份有意义的工作或参加
有意义的活动。弗里丹已经下定决心，一心要为女性争取平
等，她不想为了女同性恋者的权利而打乱自己的计划。在女
权运动中，解放意味着平等而不是同性恋。

　　从之后的发展来看，贝蒂·弗里丹的立场显然是短视的。
她后来也承认她对同性恋感到"有障碍"，她是以自己与男性
的性亲密来界定自己的性取向。遗憾的是，这种偏见使她
没能把自己对性的个人态度和尊重同性恋、双性恋女性的这
一公共责任区分开来，尤其应尊重已经加入美国全国妇女组
织的人。例如，1969 年，美国全国妇女组织纽约分会会员丽

塔·梅·布朗(Rita Mae Brown)想知道为何组织会议从未提过涉及同性恋的议题,她既是女权主义者又是同性恋。她得到的回答是"一片沉默"。布朗的质疑使弗里丹提醒全国执行委员会注意同性恋者的女权主义将会给美国全国妇女组织带来"危险"。布朗和另外两位会员则以退出作为回应。一年后,同性恋组织"比利蒂斯的女儿们"(Daughsers of Bilitis)的创始人以及美国全国妇女组织旧金山分会的秘书德尔·马丁(Del Martin)写信给弗里丹,要求美国全国妇女组织支持女同性恋者的权利。弗里丹不予答复。马丁也离开了组织。她加入了"红袜子"(Redstockings),一个激进的妇女解放组织,之后她与别人一起创立了"激进的女同性恋者"(Radicalesbians)。当美国全国妇女组织全国执行主任多洛雷丝·亚历山大(Dolores Alexander)试着说服弗里丹支持女同性恋者的权利时,她却被辞退了。美国全国妇女组织纽约分会的女同性恋者及其支持者毫不畏惧弗里丹,她们决定竞选委员会职务以取得控制权。由于同性恋者推举的候选人可能会赢,弗里丹在会上安排了她的同盟者,她自己也出席了会议。结果,弗里丹提出的候选人轻而易举地赢得了胜利。

弗里丹反对女同性恋的偏执行动造成了一系列后果。像马丁一样,许多女同性恋者及其支持者都离开了美国全国妇女组织,加入了各种妇女解放运动团体。此外,弗里丹的行为导致美国全国妇女组织的女同性恋者及其支持者开始在组织内部寻求支持。在 1971 年的美国全国妇女组织全国会议上,女同性恋者及其支持者发表了《同性恋女权主义者解放章程》(Constitution of Lesbian Feminist Liberation),并要求她们的章程可以作为附录纳入美国全国妇女组织的宗旨宣言。这份章程的撰写者以弗里丹的妇女权利法案为攻击目标,系统地详述了美国全国妇女组织如何拒绝将这些权利延伸至女同性恋者。大多数与会者对这份章程投了赞成票，从而使女同性恋者的权利成为了美国全国妇女组织官方议程的一部分。

这一投票结果成了对弗里丹反对同性恋的立场和行为的一种否认。更重要的是，《同性恋女权主义者解放章程》表明美国全国妇女组织认可了"女同性恋者遭受的双重压迫"，承认"妇女权利包括定义并表达自己的性取向以及选择自己的生活方式"，同意"把对女同性恋者的压迫作为女权主义的必要关注点"。不幸的是，这又让贝蒂·弗里丹花了七年时间，发表了更多反对"薰衣草威胁"（Lavender Menace）的长篇演说，以公开声明肯定女同性恋者不可剥夺的权利。

在 20 世纪 60 年代晚期，与第二波女权运动中的"激进方"斗争并非是弗里丹的唯一一役：她的私生活也崩溃了。1969 年，她陷入了僵局。她那个个人幸福和成就的公式不再奏效。高中时，她为自己构建了一个方程式：

　　丈夫＋孩子＋能带来成功和声望的兴趣＝个人幸福和自我实现

从那时起，她觉得自己已经把这些核心要素放入了方程式内相应的位置。1947 年，她和卡尔·弗里丹相爱并结婚；她有三个健康又聪明的孩子；她出版了《女性的奥秘》并成为美国全国妇女组织的创始人和主席。然而，弗里丹发现自己正在为离婚后的财产分配与丈夫讨价还价，眼睁睁地看着刚进入青春期的孩子们为上大学和独立生活而打算，并且，为了领导这场女性的尚未完成的革命，她的公信力正急转直下。

贝蒂和卡尔·弗里丹之间一直存在问题。长期以来，他们在金钱、卡尔的婚外情以及贝蒂的持家无方等方面一直矛盾重重，到 20 世纪 60 年代，这些冲突突然升级为剧烈的暴力冲突。在既棘手又昂贵的法律诉讼过程中，他们相互指责对方在语言和身体上虐待自己。经过对细节的多次争执，卡尔和贝蒂·弗里丹商定好了离婚后的财产分配方案。他们卖掉了纽约的公寓以及火岛的避暑别墅并平分所得。卡尔同意支付孩子的抚养费及大学学费，贝蒂并未索要离婚赡养费。卖掉公寓后，贝蒂将位于中央公园附近的四室双层公寓分租了出去。十三岁的埃米莉和十七岁的乔纳森和她一起住；二十一岁的丹尼尔正在普林斯顿大学念书。

1969 年 5 月 14 日，在密西西比州杰克逊市的天主教大教堂发表完有关女权运动的演讲后，贝蒂飞往墨西哥的奇瓦瓦州，不是为了度假，而是为了"迅速离婚"。办完所有的法律程序，结束了 22 年的婚姻之后，贝蒂去酒吧点了一杯酒，为那些"浪费的岁月"而哭泣。她也为 48 岁的自己而哭，害怕不能再拥有一段意义非凡的感情。同时，她无法不想想自己的新地位：作为《女性的奥秘》的作者，她却不能再成功兼顾妻子和母亲的女性角色以及追求富有意义的事业的个人抱负了。换言之，身为美国全国妇女组织的创始人，她不会再被那些支持在完全平等的男女合作关系下实现"美国女性的真正平等"的人当作榜样了。这多么讽刺啊！那一天弗里丹哭了，因为《女性的奥秘》给她的婚姻带来了致命的一击，而美国全国妇女组织则在自掘坟墓。

让弗里丹在墨西哥的酒吧里黯然神伤的另一个原因是，身为美国全国妇女组织的主席，她在会员中的公信力正在逐渐丧失。她的咄咄逼人、自我中心、斗志旺盛冒犯了同事。一位同事直言，弗里丹是"一个难以应付的可怕的人"，她"工作时的自负令人无法忍受"。她会在深夜打电话给同事，让大家打字、誊写新闻稿、演讲稿或备忘录，如果遭到拒绝，她便开始不停地指责别人，这使她声名狼藉。此外，委员会的成员认为她缺乏组织技巧。弗里丹从未学习过如何主持会议，对"罗伯特议事规则"（Robert's Rules of Order）毫无耐心，对平凡琐事也没有兴趣。

更有损声誉的是，弗里丹作为一名领导却只关注自己的主张，排斥更年轻、更激进的会员以及与妇女解放运动有关的人，她有条不紊地把同性恋女权主义者及其支持者从美国全国妇女组织中清除出去。激进的同性恋女权主义者则把弗里丹视作绊脚石，扬言要将其除掉。一名纽约激进女权主义组织的成员称弗里丹"使人们相信改革是答案，这歪曲了女权主义的事实"，事实上，"问题更根深蒂固，需要颠覆整个社会"。

1970 年，美国全国妇女组织执行委员会的成员决定将艾琳·埃尔南德斯列为主席的候选人，所有组织会员将在芝加哥召开的全国会议上对候选人进行投票。埃尔南德斯自 1966 年起担任美国全国妇女组织的执行副主席，她不像弗里丹那样好斗。更重要的是，埃尔南德斯能扩大组织的影响力，因为她是非洲裔美国民权运动及女权运动活动家，曾倡议为贫困妇女提供更多的项目和机会。同时，委员会成员也想让弗里丹继续留在组织中，因为她有相当多的支持者，还能吸引新人加入。为了达到这一目的，她们建立了一个全国咨询委员会（National Advisory Board）并任命弗里丹为主席。

贝蒂·弗里丹并不想就此放弃主席一职。在全国会议上，她发表了两个小时的告别演说，在收尾时宣称"我已经带领你们进入历史；现在我要离开你们——去创造新的历史"。这一大胆的宣言赢得了现场的起立致敬，然而这话并不那么准确：弗里丹并不准备让出这一能够领导女性创造历史的位置。在宣布埃尔南德斯成为新一任主席的新闻发布会上，弗里丹也发表了自己的宣告：她没有征求埃尔南德斯及其他新当选的工作人员的同意就提议美国全国妇女组织于 1970 年 8 月 26 日组织罢工来为女性争取平等。选择这个日子来举行这场 24 小时的罢工是有战略意义的：这天是宪法第十九次修正案的 50 周年纪念日。在新闻发布会上，弗里丹力图使美国全国妇女组织的成员接受她的想法，即"为了 1970 年的这场迫在眉睫的反对性别压迫的革命，我们必须继续推动产生连锁反应"。8 月 26 日的罢工将会证明，"全体美国妇女针对其具体遭受的压迫而作出的反抗是既主动又被动的"。凭借美好的愿景及激动人心的措辞，弗里丹号召女性用她们的"力量"向所有阻碍她们实现美国公民权利的人下"最后通牒"。她提议所有秘书关掉打字机、合上笔记本，话务员拔掉总机线路，服务员停止服务，清洁工别再打扫，"如果男人做同样的工作会获得更高的薪水，那么正在做这份工作的女人应立即停下来；如果只有男人赢得赞誉，而辛勤工作的女人却只能当助手，那么正在做这份工作的女人应立即停下来"。当夜幕降临后，"我们不再做饭或做爱，而是聚在一起，手持象征着激情之火的蜡烛穿越历史——在每一个城市再燃圣火——在市政厅前——我们曾在这个政治舞台上做出重大决定，选择我们的生活——引人注目的女性的力量聚合在一起。等这 24 小时过去，我们的革命就将成为事实"。

弗里丹富有感召力的话语把支持者们团结在一起，她未询问埃尔南德斯便公布了这个打算并独自承担组织行动的责任——这就是她的目的。作为罢工联盟的领导，她得以证明自己仍是第二波女权运动的领导，这也为她提供了一个平台来推动实现女性完全平等的进程。然而，弗里丹并不完全出于自负才发起这场全国性的抗议活动的。她深受女权主义团体所困，因此想要通过一些行动来调和主流女权主义者和激进女权主义者，她也想让评论家们相信女性权利应被认真对待。她认为，女性争取平等的罢工会使女权运动"重回正轨，朝着积极的目标——彻底的平等前进，而非靠于事无补的愤怒之火为生"。

由于要完成在不足五个月的时间内组织一场全国罢工这一重大的任务，弗里丹不得不下定决心。首先，她需要把这场"为平等而罢工"的 24 小时全国性运动重新定位为由美国全国妇女组织地方分会在主要城市及小型社区组织的一系列集会和游行。其次，为了证明主流女权主义者和激进女权主义者都能找到共同的立场，弗里丹把"为平等而罢工"的诉求聚焦于所有女权主义者都认同的三项核心诉求：允许堕胎以及取消强制绝育；免费的 24 小时儿童保育中心；同等的教育和就业机会。第三，在五个月的筹备期内，弗里丹奉行强硬的管理风格以确保"为平等而罢工"的目的始终为团结自由女权主义者和激进女权主义者。

弗里丹的铁腕在组织纽约的行动中体现得最为鲜明，这里也成为了全国行动的焦点。她与激进女权主义者的斗争非常艰辛。例如，青年社会主义联盟（Youth Socialist Alliance）的女权主义者与弗里丹为游行线路和策略而争执不下。激进派想要用纽约罢工作为大规模对抗和街头剧场的集会点，因为他们认为彻底的革命是争取妇女权利的唯一方式。弗里丹不同意，而是强行贯彻她的主张。她能成功地与激进女权主义者结成临时联盟是因为她们难以拒绝发动大规模游行这个主意。这些团体也见识了弗里丹的力量。正如激进女权主义者苏珊·布朗米勒所见:"如果换其他人来举行新闻发布会号召一场罢工,她可能只是自说自话。没有贝蒂·弗里丹的声望,罢工绝不可能发生。"

作为罢工日的预热,美国全国妇女组织的会员于8月10日"解放"了自由女神像(Statue of Liberty),她们在塑像前挥舞写着"全世界的女性联合起来!"的旗帜。8月26日,纽约州州长内尔森·洛克菲勒(Nelson Rockefeller)在塞尼卡瀑布城(Seneca Falls)表彰贝蒂·弗里丹、苏珊·B. 安东尼(Susan B. Anthony)和伊丽莎白·卡迪(Elizabeth Cady),然后加入了她们的行动。同日,在42个州的90多个主要城市和小城镇中爆发了示威游行及集会——全都由美国全国妇女组织的地方分会组织。但是,让女权运动赢得新的尊严的是纽约街头的"为平等而罢工"。

罢工那天早上,贝蒂·弗里丹决定穿一条覆盆子色的连衣裙,这是她在芬兰旅行时买的,然后去最时髦的美发沙龙"维达尔·沙宣"(Vidal Sassoon)做头发。当当天跟拍她的记者问她作为一位女权主义者为何会专门去做头发时,她风趣地说:"我不想人们认为参与妇女解放运动的女孩不注意自己的外表。我们应该尽可能地让自己漂亮。这不但有利于自我形象,也有利于政治。"接着她加入了华尔街上的"美国全国妇女组织的姐妹们",整个早上她们都在那里抗议证券交易所中没有女职员,并在一家"只向男性开放"的餐厅用餐。下午,她搭乘公交车前往中央公园,游行者都在公园门口集合。当她从公交车站走向公园门口时,她已经为没人前来游行做好了心理准备。但是她很快就不必担心了。她的面前已有大约50 000人在等着开始游行。

弗里丹带头开始游行。她走在前排,身边是一位年逾八旬的妇女参政主义者和一位年轻的身着牛仔裤的激进女权主义者，而这位老人曾在 1913 年也顺着同样的路线游行。纽约规定只允许沿着第五大道的人行道进行游行，但弗里丹拉着妇女参政主义者及激进女权主义者的手，告诉大家手牵着手穿过整条马路。抗议者们跟着她，手拉着手游行，长长的队伍如游龙一般，从人行道一头延伸向另一头。人们倚在办公室窗口向游行者招手，游行者们就喊"加入我们！"。抗议者挥舞着旗帜和海报，上面写着"不要下厨！今天就饿死老鼠！""家庭主妇是无报酬的苦役！""夏娃被陷害了！"。

按计划，游行在布赖恩特公园（Bryant Park）结束，就在第四十二大街的纽约图书馆后面。演讲台已经搭好，游行的领导人可以在此公布后续行动。尽管还有其他人登台演讲，但弗里丹得到的欢呼声最为热烈、掌声最为持久。她对着麦克风大声演讲，拳头在空气中挥动：

> 今晚之后，这个国家的政治将大不相同。因为今天聚集在此的人，因为沿第五大道游行的女性——从未与那些争取投票权的前辈一起游行的女性……年轻的高中生，黑人女性，白人女性，家庭主妇和在工厂、办公室工作的女性，嫁给有钱丈夫的女性，发现其实所有女性都是穷人的人——我们学到了很多。我们感受到了从未敢期望的东西——团结的力量，姊妹之谊的力量。

在开场白中，弗里丹称她已经完成了所有想做的事：她曾对女权运动的分裂感到失望，她想要采取一些激动人心的行动让各方走到一起，这样大家才能共同认识到团结的力量。弗里丹也期望这样的行动能使全国人民明白女权运动的道德力量及地位。基于这两个成就,弗里丹后来说 1970 年 8 月 26 日"即使不是一生中最快乐的一天,也是最快乐的日子之一"。她也明白,她所付出的努力已经为女性在这场未完成的革命中赢得了关键的一役,她期待着接下来的胜利。

美国全国妇女组织在弗里丹的领导下迅速地成长为一个极富效率的主流组织。1966 年,组织仅有 300 名会员,多为中产阶级且政治中立。到 1975 年,会员数已经激增到 50 万,其政治观点代表了不同种族、性别、阶级以及性取向的群体的立场。1968 年,美国全国妇女组织提出了妇女权利法案。1975 年,大部分诉求已经在各种法律、立法和公共政治中得以实现。弗里丹深晓大众传媒的力量,通过旁听、游行、抗议有效地传递了"女性不该再甘当二等公民"的思想,最典型的即"为平等而游行"。最后,弗里丹具有相当好的时机意识:她了解到 20 世纪 60 年代社会改革的风气高涨,她确信美国全国妇女组织及其革命纲领正是其"生态和天气系统"的一部分。

贝蒂·弗里丹的献身精神及性格力量造就了美国全国妇女组织早期的成功。玛丽莲·弗伦奇在 20 世纪 60 年代晚期提到,弗里丹"在国际上一举成名",并成为很多人心目中"女权运动的象征"。她夜以继日、"不知疲惫"地工作。她游说、组织活动、筹集资金,像一块磁石一样吸引着大江南北的女性走向政治运动。弗里丹虽为白宫的常客,但也"拜访工会组织中的女性,并与有色人种女性一起工作,试图发展她们为组织会员。她好像有无限的精力;信仰和喜悦鼓舞着她"。无可否认,取得成功并不容易。弗伦奇注意到,美国全国妇女组织成立后,"弗里丹和其他几位领导人必须不停地奋斗以使组织得以生存和发展,使其发出的声音盖过外界(包括媒体)的嘲笑之声,打破女性恐惧的沉默"。正如弗里丹所知,几乎不可能在所有议题上把所有女性都团结起来。因此，弗里丹创建并维系了一个主流组织，这在女权运动史上已经成为了一项卓越的成就。

回顾 1998 年前的那几年，贝蒂·弗里丹思索着第二波女权运动对自己和所有女性的意义。她在新作《它改变了我的生活：女权运动的作品集》(*It Changed My Life: Writings on the Women's Movement*)中将自己的想法公之于众。从自身的疑问出发，弗里丹渐渐明白，美国全国妇女组织的妇女权利法案未必能塑造女性革命的意识形态。相反，是女性日常生活中的个人的、具体的现状塑造了这场革命。当女性开始意识到自己在日常生活中或多或少总会受到压迫，她们便会将这些委屈说出来并寻求政治上的解决办法。的确，个人即政治。

更重要的是，贝蒂·弗里丹回忆了她自己和其他人的"喷涌而出的政治热情"。她使用了出现在古希腊城邦国家时代的"政治热情"这一概念。在古代，只有"自由男性"才能拥有"政治热情"，"奴隶和女性"则不能拥有。作为男性领域的一部分，这种"政治热情"是"人类生活的最高层面：无论在公共生活中是艺术家、哲学家还是演员，都能以自己的生命去推动另一个人的生命"。接着，弗里丹回应了希腊的父权制思维模式："从不被期望进入公共领域的女性在寻求改变自己生活的力量时真真切切地体会到了政治热情。这真是一个奇迹！"

不言而喻，这种"政治热情"一旦被释放出来，就将继续推动女性去完成那尚未完成的革命。

8

超越两性对立

从经济、心理、性,甚至理论等各方面来看,女权运动似乎都面临着无法解决的困境。同时,我们身为女性的新力量和新希望也意味着在我们与男性相爱、共事、生活、挣钱和消费的方式上将发生价值改变……超越两性对立真的可能吗? 除非我们采取行动,否则平等以及更大的价值——解放人类的革命——不可能存在。

贝蒂·弗里丹《它改变了我的生活》(1976)
(Betty Friedan, It Changed My Life, 1976)

通过组织和领导争取平等的妇女游行,贝蒂·弗里丹取得了领导第二波女权运动的最大成功。她知道,这场游行对于完成这场尚未完成的革命具有重大意义。同时,她也明白这场革命远未完成。基于此,弗里丹认为她是完成这场革命的关键人物。但她很快发现,她非但没被当作推动这场女权运动的向心力,还被降职了。她不再是美国全国妇女组织的主席,只担任一个名誉职位,仅能够在组织的文件上签个名而已。在更年轻、更激进的女权主义者眼中,她是一个自私的、自以为是的伪君子,是块绊脚石,一个碍事的人,对某些人来说,她甚至是个不相干的人。

弗里丹现在被抛弃了，她感到很迷茫。作为第二波女权运动的领导者，她被边缘化了；作为一个中年女性，她离婚了，对三个正值青春期孩子来说也不再重要。足智多谋的弗里丹变得无所适从，她不得不找一个新的寄托。

离婚后不久，贝蒂·弗里丹发现了坐落于加州中部的大瑟尔地区的伊莎兰研究所（Esalen Institution）。这家研究所成立于1962年，主要探索人的潜力，很像20世纪60年代涌现的反主流文化运动。在伊莎兰研究所，交心心理治疗小组、敏感性训练和心理剧*是为高层次消费者提供的服务，有助于提升意识。对弗里丹来说，来自神秘的东方哲学的新心理学取代了马克思主义、女权主义观念、性别歧视主义和父权制。1969年夏天，她在伊莎兰研究所待了一个月参加集体治疗，泡在天然矿泉浴里远眺太平洋，还参加了一个治疗专家的培训讲习班。20世纪70年代，她经常去伊沙兰研究所，因为那里的氛围和治疗方法能够帮助她解决自己的问题，忘记过去，并应对现在正面临的挑战。

在这些新挑战中，弗里丹不得不重新定义自己和三个孩子的关系。孩子们已经离开家，像独立的成年人一样生活。1964年，她的大儿子丹尼才16岁就获得了普林斯顿大学（Princeton University）授予的奖学金且数目可观。但他由于无法融入同学们的"成人世界"，一年后便离开了学校。后来，丹尼重返普林斯顿大学并于1970年以优异的成绩毕业，又在1980年于加州大学伯克利分校获得物理学硕士学位。1987年，丹尼获得了麦克阿瑟基金会（MacArthur Foundation）授予的五年奖学金，这一奖金被喻为"天才奖励"。1970年，弗里丹

---

* 一种可使患者的感情得以发泄从而达到治疗效果的戏剧。——译者注

的二儿子乔纳森被纽约的哥伦比亚大学（Columbia University）录取，为了独立他搬去了学校。像哥哥一样，乔纳森一年后便辍学搬到西海岸，决定在远离华盛顿州的圣胡安岛（San Juan Islands）做一名三文鱼渔夫。在海上生活了五年之后，他返回哥伦比亚大学并获得了工程学学位。1970 年，弗里丹最小的孩子埃米莉 14 岁，是一个正处于发育期的少女。为了亲近女儿，弗里丹让埃米莉随她前往巴西（1971 年）和意大利（1972 年）进行巡回演讲。1973 年，埃米莉申请就读拉德克利夫学院（Radcliffe College）而不是母亲的母校史密斯学院。她在哈佛医学院（Harvard Meclical School）完成了学业，专攻儿科。

弗里丹为孩子们所取得的成绩而感到无比自豪，更重要的是，他们拥有独立精神。孩子不在身边，弗里丹也感到空虚。为了找点事做，她决定再建"大家庭"。弗里丹"生命中最快乐的日子"要数 20 世纪 50 年代她和卡尔住在柏克韦村的日子，那时他们有一群亲密无间的朋友，她想要重获那种归属感。从 1970 年夏天开始，弗里丹在长岛东部的汉普顿斯市租了一套旧公寓，公寓附近有很多小镇和小村庄，她常邀请朋友们过来。她把新"家庭"称作"公社"，这已经成为了她的生活支柱。据大家说，这里每一天都排满了消遣活动，譬如猜谜语和智力辩论，大家还一起打扫卫生和做饭。尽管弗里丹的"家庭成员"变动过，但"公社"一连四个夏天都在汉普顿斯租了公寓。

在寻找新的寄托的过程中，最鼓舞人心的是贝蒂·弗里丹恋爱了。1970 年，她在一个有关其他家庭生活方式的讲习班里遇到了戴维·曼宁·怀特（David Manning White），他是一位作家和学者。他长得很英俊，有着银白色的直发，彬彬有礼的南方风度极富魅力。在《此前一生》一书中，贝蒂写道："我不想说我们一见面就火花闪耀或天旋地转，但的确立刻相互发生了化学作用。"这段"美妙的、充满激情的关系"维持了十年。有两道障碍阻止他们建立一段长期的、相互满意的关系：怀特住在波士顿，弗里丹住在纽约，而两人都不愿搬家；另一个障碍更加无法逾越——怀特不愿与妻子离婚，因为妻子很富有，而且他也舍不得五个孩子。显然，贝蒂对于怀特的牵挂并不在意；而怀特的妻子凯瑟琳（Catherine）也不介意这段外遇。尽管弗里丹也和别的男人约会，但怀特仍是她20世纪70年代的生活中最重要的男人。弗里丹在几次重要旅行时都带着怀特，那几次她被当成最尊贵的客人，所受的礼遇等同皇室。1977年，弗里丹应邀参加吉米·卡特（Jimmy Cart）总统的就职庆典，她和怀特一起见证了新总统宣誓就职。20世纪80年代初，弗里丹和怀特结束了这段关系，但没有终止他们的爱。1993年怀特去世之时，弗里丹和凯瑟琳通了电话。心烦意乱的她告诉怀特的遗孀她非常爱戴维；凯瑟琳也肯定地告诉弗里丹她的丈夫非常爱她。不幸的是，他们三个无法找到一种可以让三人共存的方式。

在寻求个人生活的新寄托的同时，贝蒂·弗里丹也在寻找开始公共生活的新机会，这一挑战更加艰巨和充满冲突。尽管她仍为美国全国妇女组织执行委员会的委员，但不再对其政策有实质性的影响力。在某种程度上，她的失落感源于女权运动的变化。到1970年，美国全国妇女组织、其他主流组织，以及妇女解放运动中的激进的同性恋女权主义者都意识到该停止斗嘴、聚集资源了。否则，无论是自由派还是激进派都无法在第二波女权运动中取得成功。正如历史学家露丝·罗森（Ruth Rosen）注意到的，美国全国妇女组织是一个全国知名的、极富组织技巧的领导组织,把会员们都培养成了极富效率的游说者、组织者和战略家。妇女解放团体中的女权主义者批评父权制文化,提出了非传统的生活方式,鼓励意识提升,揭露了约会和婚内强奸等隐性的性伤害。同性恋女权主义者也有所贡献,她们带来了新的思想和理论,有助于女权主义者和后来的学者思考性别的社会建构和文化建构,以及性的生物学本质。

长期以来,这种结合使得第二波女权运动更加强大、更富多元性。美国全国妇女组织的领导层迅速地将其政治立场从弗里丹的主流自由主义转向性别政治——要求废除美国社会由男性主导的文化现实和政治现实。这一转变的第一个标志便是于1971年将女同性恋者的权利纳入宗旨宣言(参见第七章)。

弗里丹当即极力反对这一转变,因为她认为这会使美国全国妇女组织被视为反男性组织。然而,她在组织内已经失去了影响力,于是她决定利用她的政治影响力为女性的合法堕胎权进行游说。

1969年,在创建全国废止堕胎法协会(National Association for the Repeal of Abortion Laws)之时,贝蒂·弗里丹加入了拉里·拉德的计划生育计划(Larry Lader of Planned Parenthood),以示支持生育权。成立全国废止堕胎法协会的目的正是向新当选的官员施加压力以更改堕胎法。在最高法院裁决"罗诉韦德案"(1973年)之前,美国各州均有堕胎法。直到20世纪60年代早期,州堕胎法依然禁止堕胎,除非是为了保住母亲的生命,这一情况需要有威胁生命安全的医学证明,并得到医生委员会的同意。1962年,美国法律研究会(American Law Institute)建议放松同意堕胎的标准,在强奸、乱伦及有证据表明胎儿存有畸形可能性的情况下同意堕胎,美国医学会

(American Medical Association)于 1967 年采纳了这项建议。

弗里丹参与了关于限制堕胎法律的讨论,她作为美国全国妇女组织的主席和全国废止堕胎法协会的创始人之一,凭借其权力组织人们要求各州废除现有的限制堕胎法,允许女性合法堕胎。弗里丹的立场是:堕胎是女性的权利和选择,与美国医学会、州政府官员以及社区和城市里的医生委员会——全都是由男性主导的权力堡垒——无关。1970 年,包括纽约州和加利福尼亚州在内的三个州废除了堕胎法,1972年又有 13 个州以及哥伦比亚地区放宽了堕胎法。

弗里丹通过演讲、发表文章、游行、抗议以及游说州立法机构的政治家等各种方式来争取自由选择权。但她在 1969年全国废止堕胎法协会的启动会议上发表的演说最为一针见血、激动人心。她开场便阐明"女性控制其生育过程的权利必须作为一项基本的、不可剥夺的公民权利,不需要国家允许或限制——正如个人的权利及宗教意识在美国文化和美国宪法中都被视作一项不可剥夺的个人权利"。接着,她把女性堕胎的公民权利与建立身份认同的个人需要联系在一起。弗里丹观察到,当一个女性决定停止意外怀孕时,她需要以"一种非常个人和私人的方式"认同她的性别。不论作出何种选择,她都会知道自己不是一个被动的受害者;她不再只是一个易"受诱惑的、无用的、信错了神"的性对象。个人即政治,因此,一个女性有潜力去"实现自我,得到尊严"。

全国废止堕胎法协会的行动对于合法堕胎获得更广泛的公众支持至关重要。1973 年,这一支持受到了法律上的检验,最高法院法官最终以 7 票对 2 票支持罗。最高法院裁定州法律限制了一个女性争取合法堕胎的权利,这侵犯了宪法第十四次修正案的"隐私权"条款。因此,女性有权要求合法堕胎。

1973 年 1 月 23 日,弗里丹前往最高法院,那天正是法庭宣读审判结果的日子。她后来写道,那一天她见证了对女性而言极具历史意义的一刻:由于"罗诉韦德案",国家最高法院最终解释了宪法,"承认女性的身体——声明我们拥有性隐私权,在生育和堕胎时有权支配我们自己的身体,这些权利比人权法案(Bill of Rights)中所陈述的权利更为基本,因为人权法案是为男性所有、为男性所写、为男性所用的"。"罗诉韦德案"很快影响了成千上万的女性的生活。非法堕胎导致的产妇死亡率下降了 600%。更具意义的是,1974 年有 90 万女性接受了安全并合法的堕胎,这证明堕胎已经成为全体女性的一个选择,而非只属于那些有钱有势者。

在争取合法堕胎权的同时,贝蒂·弗里丹还在 1971 年创建了全国妇女政治党团会议(National Women's Political Caucus)。作为美国全国妇女组织的主席,她明白占人口总数 53%的女性拥有巨大的政治影响力,而这一力量是尚未被发掘的资源。她在 1970 年组织"为平等而罢工"时,对这股潜在力量有了更多的了解。她还得出结论,认为美国全国妇女组织不能在政治议题上团结女性,这很可能是因为她不再担任主席一职。因此,弗里丹认为女性需要一个新的组织来唤醒她们,组织她们,显示她们的政治权力。

弗里丹意识到需要成立一个组织来提升女性的政治权力,这表明她仍然关注女性的声音。但关注的不止她一人。其他活动家们也意识到了未被使用的女性的政治权力,他们也想建立并领导一个这样的组织。而这些活动家们并非弗里丹在建立美国全国妇女组织时所遇见的顺从的官员。相反,他们中有野心勃勃、惹人注目的纽约众议院女议员贝拉·阿布朱格(Bella Abzug)、第一位当选美国国会议员的非洲裔美国人雪莉·奇泽姆(Shirley Chisholm)和因美丽的容貌及一针见血的言论而被媒体视为第二波女权运动的发言人,同时也是阿布朱格的门徒和盟友的格洛丽亚·斯泰纳姆(Gloria Steinem)。

究竟是弗里丹还是阿布朱格先提出成立全国妇女政治党团会议的? 这一点尚存有争议。弗里丹认为这是她的主意,阿布朱格说是她和弗里丹同时想到的,斯泰纳姆则声称这是弗里丹和阿布朱格两人无意中产生的想法。明确的是,弗里丹对全国妇女政治党团会议的希望不同于阿布朱格,但身为政客的阿布朱格拥有更大的权力。按照弗里丹的设想,全国妇女政治党团会议应该像美国全国妇女组织一样,有全国领导机构和地方分会。她还认为党团会议应该鼓励和支持两党女性都参与竞选,争取美国全国妇女组织的妇女权利法案所述的权利,给予地方分会自主权以确定与之相关的议题并为之工作。阿布朱格同意弗里丹关于组织结构的设想,但对她的工作方法很有意见。相反,阿布朱格希望全国妇女政治党团会议仅支持参与竞选的女性,只为全国领导层工作,而20世纪70年代的议题是有色人种女性和激进的同性恋女权主义者所要求的社会改革。弗里丹希望组织能吸引中西部的共和党女性;贝拉·阿布朱格则希望组织能以年轻女性、贫困女性、少数民族女性和激进女性为中心建立联盟。

在争夺全国妇女政治党团会议的控制权的一开始,弗里丹便输了,因为阿布朱格更擅长玩弄强硬政治。更重要的是,阿布朱格和其他活动家们不希望弗里丹利用这个组织来推行她的主流的、反女同性恋的、反性别政治的计划。尽管每个人都赞同生育权和平等权利修宪案,但阿布朱格和她的盟友像美国全国妇女组织的全国领导层一样,认为20世纪70年代早期的核心议题应该是福利权、针对有色人种女性的种族歧视和性别歧视、女同性恋者权利、强奸和虐待配偶、性骚扰。

阿布朱格和她的支持者更准确地把握住了女权主义者的想法，这一点在 1971 年 7 月 10 日至 11 日于华盛顿斯塔特勒·希尔顿酒店召开的全国妇女政治党团会议第一次会议上得到了证明。出席会议的几位创始人以及 300 位女政客中的许多人都是拉美裔美国人、美洲原住民、非洲裔美国人，她们代表了少许族裔支持者。这些人中有密西西比自由民主党（Mississippi Freedom Democrats）的领导人范妮·卢·哈默（Fannie Lou Hamer）、墨西哥裔的民权运动活动家卢佩·安吉亚诺（Lupe Anguiqno）以及纽约州民主党众议员雪莉·奇泽姆。身为创始者之一的弗里丹宣布会议开始。为了找到共同的立场，她讲道："女性团结起来成为多数派，是因为不想再被人掌控。女性团结起来共同跨越种族、阶级、年代和由男人主导的政党政治，是因为我们要求参与我们自己的生活：我们要在做出影响我们生活的重大决定时发表意见。"

毫无疑问，当弗里丹被选为全国妇女政治党团会议第一次会议的开场发言人时，她感到得到了认可。但是她期望更多：她希望入选全国指导委员会并担任媒体发言人。她没能入选全国指导委员会，而委员们选出的官方发言人是斯泰纳姆。弗里丹虽然有些失望，但还是在 1971 年访问了几个州以帮助建立地方分会。但是，当她仍未能在 1973 年的全国会议上入选全国指导委员会时，她便决定另谋出路以施展她的影响力。很快就有了一个机会。

1970 年，弗里丹的朋友、《麦考尔杂志》的编辑莎娜·亚历山大（Shana Alexander）邀请她来为杂志写专栏。这个专栏名为"贝蒂·弗里丹的笔记本"，使她的名字以及她争取妇女权利的计划为大量女性所见。她的主要目的是使读者们确信第二波女权运动的真正核心是呼求政策和法律以满足身为妻子和母亲的女性的需求。考虑到这些目的，弗里丹写了很多东西，都是被她所谓的"妇女解放运动者"认为与女权"无关"而忽略或摒弃的东西。在很多专栏文章中，这位《女性的奥秘》的作者谈论了着装、食物、家居装饰、娱乐、发型、孩子和与男性在一起的快乐。

但最让人记忆犹新的文章仍是弗里丹攻击不认同其主流思想的女权主义者的文章。她用《从我自己的经验中得知的每一件事》（"Everything I Know Has Come from My Own Experience"）一文争辩道，"激进边缘"正在摧毁女权运动。在她的叙述中，她给激进的女权主义者贴上了"伪激进分子"的标签。她攻击她们"提升意识"的策略，称之为"目光如豆的座谈会"，把伪激进分子倡议的性别政治视为对"大男子主义的卑鄙行为、对高潮的比较以及谈论摆脱爱、性、孩子和男人"的诽谤。1972 年 9 月，她发表了《女性沙文主义是危险的》（"Female Chauvinism Is Dangerous"）一文。文章称，贝拉·阿布朱格和格洛利亚·斯泰纳姆是"女性沙文主义粗人"，她们"腐蚀了我们为求平等而进行的运动，把我们在过去几年取得的成果置于危险的境地"。为了反击这些女性沙文主义者，弗里丹向读者提出了她对"女权"的定义：因为"从这个词最完整的意义上说，女性是人"，因而她们拥有"一切她们作为人和美国人的特权、机会和责任"。

弗里丹在 1973 年为《纽约时报杂志》（New York Times Magazine）撰写了一篇文章，她赢得了更多的读者，也抨击得更为激烈。在《从厨房的地板上站起来》（"Up from the Kitchen Floor"）一文中，弗里丹告诉读者，那些鼓吹"仇恨男性的性别/阶级斗争"正威胁着美国全国妇女组织的掌控权。如果出现这一情况,这些"仇恨男性的人"将驱逐所有想要丈夫和孩子的女性。她继续说道,那些旨在"扰乱"女权运动的人"正试图持续地推广女同性恋及对男性的仇恨"。她们的动机并不单纯。弗里丹猜测这些扰乱者事实上受到联邦调查局(Federal Bureau of Investigation)和中央情报局(Central Intelligence Agency)的鼓励和训练,其目标是败坏女权运动的名声。

这些指责尽管有些夸大其词,但事实上也有据可依。历史学家露丝·罗森发现,联邦调查局在 20 世纪 70 年代雇用女特工潜入并控制女权主义者的地方组织。然而,她们的目标并非败坏第二波女权运动的名声,而是要接近还参与了激进的左派反战运动或支持马克思主义和共产主义意识形态的女权主义者。出于后见之明也为了得到基金,历史学家们赞同联邦调查局和中央情报局的任何渗透行为,认为这并未如运动中持续出现的恶意的相互攻击那样损害女权运动的公信力。贝蒂·弗里丹并不是孤军奋战,但她无疑是最大声疾呼的、最受瞩目的。

弗里丹持续的公开抨击使她与美国全国妇女组织的领导层产生了冲突。那些在 1971 年使女同性恋者权利成功加入美国全国妇女组织议程的会员已于 1974 年取得了该组织全国领导层的掌控权。这些领导人认为自己是领导核心,她们的新口号是"远离主流,投身革命",还把组织议程定位为反对男性压迫者的革命。这些事使弗里丹焦虑不安,她公开抨击领导层并与她的主流支持者召开秘密会议,密谋如何取得美国全国妇女组织的控制权。尽管人们从未听从弗里丹,但她的行为使美国全国妇女组织陷入分裂和内部权力斗争的漩涡，她本人也因此而遭鄙视。

由于不断地被女权运动抛弃，贝蒂·弗里丹没能完成她与兰登书屋签订的第二本书的合同。她于1964年与出版社签订了图书合同，承诺在三年内完稿，并花完了预付的30 000美元。到20世纪70年代初，编辑丧失了耐心。第二波女权运动对出版商和读者来说都是一个新的热门话题。兰登书屋想要占领这一市场，并希望《女性的奥秘》一书的作者可以使其稳操胜券。

弗里丹所面临的根本问题是，她最初的想法——评价那些已经超越了女性奥秘的女性的新生活方式——不再具有意义。基于这一点，她决定重新架构这本书，将其写成当代史，描述第二波女权运动以何种方式改变了她和其他无数女性的生活。这样一来，弗里丹只消描写自己的女权运动之旅就可以了。兰登书屋的编辑很喜欢这份新计划，又重新签订了合同并支付了一笔预付金，合约期限定在1975年2月4日，恰巧是弗里丹的54岁生日。弗里丹如期完稿，兰登书屋于1976年出版了她的第二本书《它改变了我的生活：女权运动作品合集》；随后以10万美元的价格把平装本重印权卖给了戴尔出版集团。

弗里丹的第二本书并未获得成功。精装本卖掉的不多，平装本也远未达到《女性的奥秘》一书留下的纪录。评论家认为这本书很"温吞"。最大的问题是，弗里丹在讲述"她的故事"时，继续攻击那些反对她的人，却未能公正地探索女权主义者所面临的问题的复杂性。比如，描写建立全国妇女政治党团会议的部分相当自私、好辩和有失准确。作为回应，全国妇女政治党团会议的26位成员给兰登书屋寄了一封信，声明弗里丹的讲述"与事实不符，是自私的虚构，有种族假设以及性格毁谤"。

随着时间的推移,《它改变了我的生活》一书因为对第二波女权运动的记述而逐渐获得认可。这本书从贝蒂·弗里丹的视角出发,记录了自 20 世纪 40 年代晚期起、贯穿 70 年代早期的女权运动的历史,而弗里丹使得这一运动的定义更为明确。因此,回想起来,70 年代那些对她记录运动历史的强烈反对恰恰就是她被女权主义者驱逐的例证。

贝蒂·弗里丹一边奋力写完第二本书,一边寻找新阵地来推行她关于实现女性完全平等的想法。从 1973 年开始,她收到多个邀请,希望她担任客座教授。第一个邀请她的学校是费城的天普大学(Temple University),请她每周去上一天课。学校特别要求她讲讲自己作为一名女权运动活动家的经验,于是弗里丹开了两门课,本科生的课是"当代社会问题",研究生的课是"性别角色革命,第二阶段",她在课堂上发挥了她的洞察力。1974 年和 1975 年,她分别在耶鲁大学(位于康涅狄格州的纽黑文市)和皇后学院(位于纽约市的布鲁克林区)继续上这门研究生课。"性别角色革命,第二阶段"的课程内容和演化过程为弗里丹提供了一个舞台,以验证她关于女权运动方向的观点,并帮助她形成一些想法,这为她的下一本书《第二阶段》(1981 年出版)奠定了基础。

弗里丹在纽约新社会研究院上了一学期的课,她曾在 20世纪 50 年代在此上过写作课。1970 年,弗里丹在"城市中的女性"一课上要求学生探讨生活在大纽约地区的女性所面临的社会经济问题。将近一百名学生选了这门课,通过学生的对话和讨论,弗里丹了解到了女性所面临的财务问题,包括已婚的和离婚的,有工作的、正在找工作的和接受救济的,包括白人、黑人和黄种人。这些女性披露了她们的核心问题,即更需要管钱而不是挣钱。她们表达的需求促使弗里丹开始设法为女性建立银行。1975 年，第一女性银行和信托公司（The First Women's Bank and Trust Company）在纽约成立，作为创始人之一，她是第一任总监之一。作为争取女性权利以实现完全平等的女权主义者，弗里丹必定会为第一女性银行和信托公司感到自豪，这也是她在十年间创建的第四个组织。此前有美国全国妇女组织（1966 年）、全国废止堕胎法协会（1969 年）、全国妇女政治党团会议（1971 年）。

弗里丹利用她的声望，在外国也唤起了更为强烈的女权意识。20 世纪 70 年代，弗里丹应邀前往中东、欧洲和拉丁美洲演讲，内容是她发表在《麦考尔杂志》和其他出版物上的文章。1973 年，弗里丹认为有三个经历最值得关注。第一个发生在以色列，她在一个由女作家和女记者组成的国际组织的会议上发表讲话，大家都深受她的激励和启发。她在会上见到了第一位也是唯一一位女总理果尔达·迈尔（Golda Meir）。但尽管她在以色列停留了两周，迈尔还是没时间单独见她。当总理公开表示她不赞成在以色列复制一个争取平等的女权运动时，弗里丹感到很沮丧。迈尔强硬的领导手段与其显而易见的反女权主义态度背道而驰，这让弗里丹很疑惑，也很失望。

之后，弗里丹要求拜访教皇保罗六世，她获得了批准。这让她很惊讶，因为天主教会反对节育、堕胎以及女性获得完全平等。梵蒂冈的外交礼仪要求交换礼物。见面时，保罗六世首先讲话并把一个小珠宝盒作为礼物赠予弗里丹。教皇用英语说道："我们想要对您为全世界女性所做的一切表示感激和欣赏。"接着，弗里丹送给教皇保罗六世一条象征女性平等的镀金链子。她说："这是一个女权运动的标志——在生物学上代表女性的符号与代表完全平等的符号相互交叉。正如教皇陛下所见,当女性与男性完全平等,它就成了一个不同形状的十字形。"教皇保罗六世和蔼地接受了她的礼物,但未接受她的观念。接下去是一段简短但直率的对话,他们相互表达了有关女性特点的个人政治观点。他们都没有说服对方,但他们互相尊重。

弗里丹从罗马前往巴黎,因为她最终成功获得了与《第二性》(*The Second Sex*)(1949 年出版)的作者西蒙娜·德·波伏娃(Simone de Beauvoir)见面的机会。弗里丹希望波伏娃同意与她一起发表一个关于女权运动的声明。她们的声明将刊登在《麦考尔》杂志上,呼吁女权主义者重新定位,远离反对男性、反对做母亲、反对婚姻的性别政治,因为这些态度并未反映美国社会和法国社会中的大多数女性的态度。也许是弗里丹太执著于自己的女权主义观念,或者她误读了波伏娃的《第二性》,她们的对话表明她和波伏娃事实上无一共识。弗里丹最终发表在《麦考尔》杂志上的是关于两位女权主义者对话的文章,她们谁也不愿聆听对方。

弗里丹从旅行和交际的过程中获得的最重要的收获是认识到了第二波女权运动的发展势头,在她看来是"在美国的领导下大有席卷全球之势"。1973 年,贝蒂·弗里丹与帕特里夏·伯内特(Patricia Burnett)合作,伯内特是美国全国妇女组织密歇根分会的创始人,并担任国际美国全国妇女组织(NOW International)的主席。她们共同工作,在 21 个国家成立了 25 个分会,并为美国全国妇女组织争取到了非政府组织(Non-Government Organization)的地位。基于她的旅行经历,弗里丹认为这些附属机构里的女性应当见面。她亟需资金,便恳求朋友斯图尔特·莫特(Stewart Mott)帮忙,他是一个支

贝蒂·弗里丹向教皇保罗六世赠予礼物(1973 年)
©哈佛大学拉德克利夫研究所施莱辛格图书馆

持创建一个公正、合理、可持续发展的社会的慈善家。接着，弗里丹又说服马萨诸塞州剑桥镇的莱斯利学院（Lesley College)的一位女校长提供会议场所。弗里丹和伯纳特的努力促成了国际女权主义计划会议的召开，大会由美国全国妇女组织资助，时间定于 1973 年 12 月，为期 3 天。来自 27 个国家的 300 多位女性出席了会议，包括阿拉伯国家、以色列和苏联的女性。

　　弗里丹和伯纳特虽然都对这次会议感到满意，但她们也意识到这一群体仅仅涵盖了富有的女性。要使女权成为人权的核心部分，需要高规格的国际组织的支持。因此，她们开始筹划与联合国秘书长库尔特·瓦尔德海姆(Kurt Waldheim)

见面。会谈中,她们建议联合国拨款支持召开一次国际会议,让来自各联合国成员国的女性代表聚在一起,探讨她们在各自国家的需求和约束,以推动人权建设。瓦尔德海姆同意了。

瓦尔德海姆促使联合国将 1975 年定为"国际妇女年"(International Women's Year),并组织、资助国际妇女大会在墨西哥城召开。这次会议取得的成功促使联合国加大支持力度,把 1975 年至 1985 年这十年定为"妇女十年",继墨西哥城之后又在斯德哥尔摩(1980 年)和内罗比(1985 年)举办会议。(联合国还资助了 1995 年在北京举办的妇女大会。)在"妇女十年"期间,联合国聚焦与女性诉求社会公正与公平相关的活动。弗里丹参与了这四次国际会议,却对其结果感到失望。每一次会议都会以其特有的方式演变为国际政治的角逐场。在联合国妇女会议上,与会者都真挚地追求人权并要求采取行动推进女性平等。然而,男性主导的政治权力体系决定了她们的国家把这些会议当作冷战政治的战场。

在为女权思想寻找"讲坛"的时候,贝蒂·弗里丹一定得到了巨大的成就感。她列入美国全国妇女组织妇女权利法案(1968 年)的许多诉求已经或即将实现。1971 年至 1974 年间,国会首次颁布了平等法:终止雇用行为中的性别歧视现象,减轻双职工夫妇的个人所得税以支付儿童保育金,终止债权人因性别或婚姻状况而拒绝借贷或否认信用的现象,将支持为女性提供培训和咨询项目的一项教育修宪案和另一平等法案纳入 1963 年的《同酬法案》。

当女性的合法堕胎权——她在妇女权利法案中提出的两个最重要的问题之一——在"罗诉韦德案"的裁决中获得最高法院的认可时,弗里丹尤其感到她的观点得到了验证。她期待平等权利修宪案也可以写入美国宪法。

由爱丽丝·保罗(Alice Paul)于 1921 年起草的《平等权修宪案》强调"在美国男性和女性应当享有同等的权利,每一个地方皆在管辖范围内"。这意味着女性在法律上不再受到歧视。保罗的修宪案于 1923 年递交美国国会,但 1970 年以前它一直被搁在国会委员会无人问津。由于美国全国妇女组织主席弗里丹的努力,参议院的宪法修订委员会(Senate Subcommittee on Constitutional Amendments)才从 1970 年开始对修宪案进行听证,于是它从众议院司法委员会(House Judiciary Committee)移送到众议院(House of Representatives)考虑。1972 年,众议院和参议院分别以 354 票对 23 票、84 票对 8 票的压倒性票数通过了《平等权利修宪案》。取得国会同意后,《平等权利修宪案》紧接着即取得国家教育协会(National Education Association)、汽车工人联合会、妇女选民联盟(League of Women Voters)、美国劳工联合会和国会产业工人代表大会(America Federation of Labor and Congress of Industrial Workers)的支持。

《平等权利修宪案》获得国会的通过和几个主要组织的认可对美国全国妇女组织而言是一个巨大的胜利。弗里丹对此激动不已,说《平等权利修宪案》不同于其他法律、行政命令甚至法庭判决,不会被简简单单地否决——它将确保"男性和女性在美国享有同等的权利,每一个地方皆在管辖范围内",无论是保守派还是自由派控制国会。

作为一项针对美国宪法提出的修正案,《平等权利修宪案》须由四分之三的州(38 个州)在立法机关中以三分之二的支持票数通过,国会给了七年时间(1972~1979)。夏威夷首先通过修宪案,到 1973 年时已有 30 个州投票通过,而在另外 8 个州获得通过也指日可待。尽管《平等权利修宪案》在一开始就获得了成功,但到 1977 年时仍差 3 个州批准,而在这些州的战斗非常艰难。担忧的美国全国妇女组织向国会施压，成功地将最后期限延至 1982 年。

《平等权利修宪案》遭到相当大的反对。这种反对在一定程度上是因为理查德·尼克松(Richard Nixon)在 1968 年被选为总统。他的上任标志着国家政治气候的转变，从主张激进的社会改革的政治自由主义转向保守主义，性别革命也被家庭价值所取代。尽管尼克松也曾在公开场合表示支持《平等权利修宪案》，但私下却对他的顾问说希望国会的判断力和智慧能"阻挡这份愚蠢提案的颁布"。此外，尼克松在 1972 年否决了《综合儿童发展法案》(Comprehensive Child Development)，表明他反对女性脱离传统性别角色。这项立法旨在构建由联邦政府资助的全国儿童保育中心网络。尼克松声明他否决这项法案的理由是其主张以一种"公社方式来抚养孩子"，这将削弱家庭的作用。

对《平等权利修宪案》更具影响力、更无孔不入的反对来自菲莉斯·施拉夫利(Phyllis Schlafly)，她一向反对女权主义，她喋喋不休地宣称这项法案如获通过，将对女性和家庭带来潜在的负面效果。施拉夫利比弗里丹小三岁，出生在密苏里州的圣露易斯市，她的政治观点和反女权主义立场深受其在政治和社会思想上保守的父母、中西部的生活环境、天主教信仰和教育的影响。她在 20 世纪 40 年代末嫁给了一位律师，有 6 个孩子，过着上层中产阶级的生活，这使她得以将家庭主妇和共和党内的政治活跃分子这两个角色结合起来。她因 1964 年出版的畅销书《一个抉择，不是附和》(A Choice, Not an Echo)成名，这本书是为支持亚利桑那州的保守派参议员巴里·戈德华特(Barry Coldwater)参加总统竞选而写的。书名很快成为了戈德华特的竞选口号，而施拉夫利也不遗余力地助他竞选。

20 世纪 60 年代晚期和 70 年代初期,施拉夫利每被问及她对女权主义的态度,必定会澄清她"态度中立"。然而,她的中立态度突然在 1972 年转向了政治权利。那一年,施拉夫利建立了雄鹰论坛(Eagle Forum)并任领导人,这是首批生存权组织之一。该组织至今仍十分活跃,其使命是"让保守的、重视家庭观念的男性和女性能够参与自治和制定公共政策的过程,以使美国继续成为个人自由之地,尊重家庭完整、尊重公共和私人美德、尊重私人企业"。为向雄鹰论坛的成员通报重要议题,施拉夫利发表了"菲莉斯·施拉夫利报告"。在这份通讯中,她首次向《平等权利修正案》发起攻击。此后不久,她发起了"叫停平等权利修宪案"运动,其旗帜和标牌上都印着"叫停平等权利修宪案"的字样,并以交通规则中的"停止"标志加以表示。她把词语"STOP"定义为"停止拿走我们的特权"(Stop Taking Our Privileges)。

在通讯和演讲中,施拉夫利指出,一个"无性别的社会"将扰乱妻子与丈夫在婚姻中各自承担的角色和责任构建的精巧平衡。施拉夫利强调,正是这一角色分工确保女性享有她们的特权。她还认为女同性恋与《平等权利修正案》是联系在一起的。她鼓吹道:"《平等权利修正案》将把'女同性恋权利'写入美国宪法,因为该法案使用的词是'性别'而非'女性'。"为了强调这一危险因素,她坚称"杰出的当权者已经声明《平等权利修正案》将使同性恋婚姻合法化,并逐步实施有关同性恋的议程"。

最后,施拉夫利巧妙地指出了敌人:美国全国妇女组织。她夸张地问道:"为何美国全国妇女组织急于推行《平等权利法修宪案》?"她接着回答:美国全国妇女组织有一个不为人知的议程：支持保障女同性恋者权利的立法和法院裁决。美国全国妇女组织支持主动堕胎。美国全国妇女组织支持有关色情文学、用校车接送学区外学生上学、放学和黑人权力的联邦立法。因此，在组织"叫停平等权利修宪案"运动的过程中，菲莉斯·施拉夫利把那些在社会、政治、宗教等方面持保守主义立场的基层女性组织起来，她们都对第二波女权运动中的女权主义者的所作所为而感到害怕。一旦施拉夫利成功地向这些女性灌输反女权主义逻辑后，她将领导这支"十字军"击败《平等权利修宪案》。

更重要的是，美国全国妇女组织内部长期不和对《平等权利修宪案》的批准进程造成了重大的影响。20世纪70年代中期，组织因主流成员和激进分子间的争论和冲突而受到重大打击，主流成员的力量集中在地方和州分会，而激进派则掌控着全国领导层。此外，由于修宪案在批准过程初期进展顺利，因此组织未将《平等权利修宪案》作为70年代中期的首要任务。相反，它利用其政治影响力为以下议题进行游说：女同性恋权利、联邦政府资助的儿童保育服务、为单身母亲设立反贫困项目、约会和婚内强奸、性骚扰以及由人工受精和所谓试管婴儿等新技术带来的生育自由。这些显然为施拉夫利的"叫停平等权利修宪案"运动提供了更多的"弹药"。

最后，大多数女权主义者并不把施拉夫利的反女权主义放在心上。她们不明白主流女性和保守女性对于女权主义者的议程的恐惧将会带来怎样的后果，尤其是这些议程宣扬同性恋和性别革命，并将男性视作敌人。然而，也有一位坦诚的女权主义者——贝蒂·弗里丹——预见了第二波女权运动中不同派系的内斗所带来的破坏性力量。

弗里丹仍旧充满活力，不屈不挠地努力使美国全国妇女组织返回主流，让激进分子闭嘴。否则，她担心《平等权利修宪案》会失败。正是这一政治现实使弗里丹对她所谓的"非主流的激进分子"表现得如此尖锐和无所不言。然而，在辱骂和指责之下的是弗里丹发自肺腑的愿望，她希望女性不再"为莫名的问题"感到绝望，不再被视作性对象，不再沦为力量有限、没有影响力的二等公民。弗里丹在 1973 年写道，她想要女权主义者明白"妇女的运动……是整个人权运动的一个阶段"，将把"又一个群体，一个多数群体带入人类社会的主流……不多，不少"。

弗里丹不愿半途而废，她希望再出现一个活动，如同 1970 年组织女性为争取平等而进行游行一样，再一次使女权主义者明白她们的力量在于团结。

9

女权主义的新领域

根据我的祖先们的信仰,男人们每天都要祈祷以感谢上帝没有让他们成为女人。女人们祈祷只是顺从上帝的意愿。仅此而已。我相信,世上所有的女人都能自信地说,主,感谢您让我成为一个女人。

贝蒂·弗里丹《为争取妇女平等而游行》(1970)
(Betty Friedan, March for Women's Equality, 1970)

贝蒂·弗里丹对于起事很有一套。她经常能有意识地抓住有利形势,发展组织或使之形成一个事件。建立美国全国妇女组织就是一个例子。贝蒂就是一剂催化剂,可以引发一些导致变革的行动。1977 年,由贝蒂·弗里丹倡导召开的全国妇女大会(National Women's Conference)拉开了帷幕,这一会议代表了第二波女权运动的高峰。

如第八章所述,弗里丹和美国全国妇女组织国际主席帕特·伯内特与联合国秘书长库尔特·瓦尔德海姆在 1973 年下半年进行了会晤。从某种程度上来说,他们的会面对联合国宣布 1975 年为"国际妇女年"起到了促进作用,联合国还同意在墨西哥城召开国际会议,在这一会议中,弗里丹发挥了主导作用。在墨西哥城,代表们决定每一个会员国都必须通过一份全国性的妇女行动计划。弗里丹把这一决定视为一个契机，可以重新聚焦美国妇女运动的本质问题，以保障妇女在美国社会中的完全平等。

弗里丹从墨西哥城回来之后，也和第二波女权运动中的其他杰出的积极分子一样，想要利用这一全国行动计划来取得联邦政府的财政支持以召开全国会议。贝拉·阿布朱格在国会中相当有影响力，她充分利用了联合国的授权，弄到了500万美元的政府基金，用以召开全国妇女大会。这一会议定在1977年11月18日至21日举行，召开地点在得克萨斯州休斯敦市。在这次会议上，与会代表们一致同意在美国发起一个"男女平等"的全国计划，这一计划将会成为其他国家的行动范本。阿布朱格在政治上非常聪明，她担任会议的主席，并召集了一小群人来组织会议。但弗里丹却被排除在外，因为她当时得罪的人太多了。不过，弗里丹也没被完全忽略，她作为州代表参加了会议，正如后来所证明的，她为此次会议的成功作出了巨大的贡献。

此次全国妇女大会是第一届由联邦政府资助的全国性的妇女会议，这一资助意味着第二波女权运动得到了国家的认可。尽管这次会议没有"女权运动"的名义，也不是官方会议，但是会议由阿布朱格掌控全局，还有基金支持，她们的事业已经进入了"成熟期"，因为她们能够调动政府组织、政府官员和政府基金来进一步发展她们的事业。为了证明自己对女权运动的支持，伯德·约翰逊夫人（Lady Bird Johnson）和贝蒂·福特（Betty Ford）这两位前第一夫人以及现第一夫人罗莎琳·卡特（Rosalyn Carter）都参加了这次会议。这次会议把40多个组织集中在一起，是女权运动中最团结、规模最大的一次盛会。

与会代表们由 50 个州的众议院选出，他们将为全国行动计划献计献策，并投票决定计划内容。在基层，社区特别会议将选出 2 005 名代表，某些州的代表还是男性。大部分代表都是女权主义者，少数族裔代表所占的比例比他们的族裔在总人口中所占的比例要大得多。大约 20% 的代表反对女权主义，其中多数人来自政治保守的州，堕胎在这些州是合法的，而《平等权利修宪案》和女同性恋都属于非主流观点。

除了选出的代表，还有 4 000 多人也聚集在休斯敦关注这场会议，其中包括 100 多名来自世界各国的妇女和一大批媒体人，他们对于制定全国行动计划的代表们来说也是一种压力。例如，女同性恋支持者们来到休斯敦游说议员，为女同性恋者争取权利。最重要的是，菲莉丝·施拉夫利带领的"叫停《平等权利修宪案》"运动的成员们也来到了休斯敦。这些反女权主义者们公开谴责全国妇女大会，认为女权主义者所倡导的允许妇女流产、《平等权利修宪案》和维护女同性恋者权利都是"道德败坏的"、"伤风败俗的"、"不虔诚的"、"不爱国的"、"反家庭的"。

联邦政府对全国妇女大会的支持和资助引来了铺天盖地的媒体宣传。因此，大会的策划者决定组织一场 2 600 英里的火炬传递活动，以期在最大程度上确保本届会议的媒体曝光率。火炬传递的起点在 1848 年第一届妇女大会的举办地纽约州的瀑布城，终点在本届大会的举办地得克萨斯州的休斯敦。诗人马娅·安杰卢(Maya Angelou)为本届大会起草了一份新的《情感宣言》(Declaration of Sentiments)，这份宣言也将和火炬一起传递。9 月 29 日，火炬在瀑布城点燃，并在大会开幕的前一天，即 11 月 17 日，到达休斯敦。跑完最后几英里的火炬手是三名年轻的女性，她们一个是西班牙人，一个是非洲裔美国人，一个是高加索人。在距离会场中心一英里处，成千上万名与会代表在暴雨中等待火炬手，弗里丹也在其中。火炬手一到，阿布朱格就带领人们跟随火炬手跑入会场，而会场内的代表们也全体起立，给予他们热烈的掌声和欢呼声。

在第二天的大会开幕式上，大会组织者们把火炬和安杰卢的《情感宣言》交给了罗莎琳·卡特、贝蒂·福特和伯德·约翰逊夫人。接着，每一位第一夫人都以一个女人的身份而不是一个成功的政治家的妻子的身份做了发言。然后，安杰卢上台朗读她的《情感宣言》。"为了创建一个更完美的国家，"她读道，"我们必须承认，只有每个人都得到平等的就业机会和公正的报酬，这个国家才是和谐的。"她说，作为女人，"我们应该"向全美国的女人们"做出这些承诺"。安杰卢的发言一定带给了弗里丹巨大的满足感，因为她们俩的观点完全一致。

大会正式开幕以后，代表们开始就提出的全国行动计划方案展开讨论。每个州的代表都带来了自己的提案，所有这些提案最终将被整理成 26 项决议。最终的决议案满足了受虐妇女、残疾妇女、少数族裔妇女、农村妇女、贫困妇女、年轻妇女和老年妇女的需求，赋予了妇女自行决定是否生育的权力，并且支持《平等权利修宪案》，呼吁禁止性别歧视。流产、《平等权利修宪案》和女同性恋权利所引起的辩论最为激烈。在这三个问题中，代表们对于女同性恋权利提案的意见分歧最大，而对于另两项决议案则比较有望达成一致，尤其是《平等权利修宪案》。大约 130 名女同性恋代表强烈抗议，她们认为，女权运动应确保所有妇女的平等权利，无论她们的性取向是什么，没有做到这一点的运动毫无疑问是矛盾的，然而，保守派代表们却不想让女同性恋权利来玷污他们的全国行动计划。所有的代表都想知道贝蒂·弗里丹会怎么做、怎么说。

贝蒂·弗里丹拥有一项"纪录"：她反对在美国全国妇女组织和所有有组织的女权运动中为女同性恋者争取权利。在她的陈述中，她坚持己见，措辞严厉，有时甚至造谣中伤。1977年的时候，贝蒂只关心《平等权利修宪案》，当时只有三个州没有通过这一修宪案。弗里丹知道自己的力量：她仍旧是她这一代人中最重要的女权主义者，并且在国际上得到了认可；在美国，她的演讲总是能吸引大批支持者；她刚刚出版了《它改变了我的生活》；她还总能引起媒体的关注。因此，贝蒂·弗里丹在休斯敦会些说什么是至关重要的。

弗里丹害怕代表们在女同性恋权利的问题上争执不下会耽搁《平等权利修宪案》的通过。她也知道，如果她公开支持这项决议，这项决议将迅速通过。因此，她决定在关于女同性恋权利的争论达到顶点之前向代表们发表演讲。当弗里丹拿起话筒，会场立刻安静下来，代表们都满怀期待。接着，她演讲道：

> 人们认为我一直强烈反对在妇女运动中为同性恋者争取权利，这确实是我一贯的立场。我们的敌人抓住这一问题来分裂我们、瓦解我们，试图阻止争取平等的妇女运动，使我们失去支持。作为一个成长于美国伊利诺伊州皮奥里亚的中产阶级的中年妇女以及一个可能比较爱男人的中年妇女，我在这一问题上有着自己的烦恼。我曾错误地关注这一问题，我们都曾犯过这个错。但是现在，我们必须放下我们之间的不同意见，尽全力争取《平等权利修宪案》的通过，否则我们将失去我们的一切。既然……我们知道《平等权利修宪案》对同性恋者没有任何

益处，那么我们必须支持我们的同性恋姐妹单独要求公民权利。

贝蒂·弗里丹为她过去的行为道了歉。大部分代表对弗里丹报以热烈的欢呼和掌声，很显然，她的道歉被大家接受了。弗里丹的讲话是整场会议中最感人的时刻，她做到了她想要做的事：终止一场漫长而激烈的辩论。

弗里丹结束演讲以后，代表们开始投票。80％的代表支持这项决议，与此同时，一群同性恋者在大厅楼座上放飞了许多写着"我们无处不在"的黄色和蓝色的气球。代表们投票的时候，女同性恋激进分子们都聚集在会场之外，有些人穿着男式服装，骑着摩托车。选票每增长一票，她们就和会场内的支持者一起欢呼雀跃，一边扭着身子穿过楼梯一边高喊着"谢谢你们，姐妹们"。电视广播公司记录下了这些气球、欢呼和雀跃，并在全国播出了这些镜头。

这一天是主张同性恋权力的女权主义者的胜利。但是，这一天更是菲莉斯·施拉夫利的胜利。她和"叫停《平等权利修宪案》"运动的成员们在城市的另一端看到了女同性恋的支持者们在全国妇女大会上庆祝的画面。他们对于女同性恋权利决议的通过很满意，尤其喜欢"我们无处不在"这句口号。在反对《平等权利修宪案》的媒体战中，施拉夫利利用这些媒体镜头作为女同性恋权利和修宪案有关的证据。1988年，休斯敦会议的一个代表谢莉娅·托拜厄斯采访了施拉夫利。托拜厄斯问她，她何时得知自己赢得了反对《平等权利修宪案》的战役。施拉夫利毫不畏惧地说，是在休斯敦，"当'妇女解放论者们'投票支持性取向，将女同性恋者的权利纳入妇女运动的范围之中之时"。

　　和施拉夫利一样,弗里丹也明白支持女同性恋者权利以及"我们无处不在"的阴霾威胁着《平等权利修宪案》的通过。400个代表中的大部分人(20％)反对女同性恋者权利的决议,这些人所代表的州还没有批准《平等权利修宪案》。除非这些代表们和他们的选民们能被说服,相信这一修宪案将确保所有妇女的平等权利,包括那些选择为人妻、为人母的女性,否则这一修宪案将不会被通过。如第八章所说,《平等权利修宪案》在1977年仍缺少三个州的批准,这使得美国全国妇女组织不断给国会施压,使截止日期延后到1982年。《平等权利修宪案》还没有在伊利诺伊州、密苏里州、犹他州、内华达州和亚利桑那州通过。这一修宪案的倡导者们必须在1982年6月之前说服其中三个州的选民。一开始,他们就把有可能通过修宪案的州作为目标。

　　出于这一目的,贝蒂·弗里丹决定争取大部分女同胞和男同胞的支持以通过《平等权利修宪案》。这意味着她必须在菲莉斯·施拉夫利的政治战场上为《平等权利修宪案》的通过而战。她需要强调《平等权利修宪案》将会在私生活和公共生活中确保男女之间平等的伙伴关系,使人们不再相信施拉夫利的口号"不要剥夺我们的特权"。作为执行委员会的一员,贝蒂给美国全国妇女组织施加压力,督促美国全国妇女组织努力为通过《平等权利修宪案》募集资金、积极游说,她充分地利用了她的名望,在州基金资助举办的活动上发言,游说州立法机关的政客们,还积极参加支持《平等权利修宪案》的游行。

　　弗里丹在她居住的伊利诺伊州工作得尤为积极。1978年,她回到皮奥里亚参加高中的毕业四十周年同学聚会,她要求当地的美国全国妇女组织分会组织一次支持《平等权利修宪案》的游行。结果大约有一千人前来参加游行,包括她的一些共和党朋友，弗里丹没料到会有这么多人来，她十分兴奋。"一千个皮奥里亚人相当于一百万个纽约人。"她后来写道。在1980年的母亲节，弗里丹参加了在芝加哥举行的支持《平等权利修宪案》的游行，当时差不多有十万人参加。弗里丹后来评论道，芝加哥游行"震惊了冷漠的政坛"，"比任何总统候选人都有号召力"。

在集会上发言、游说州立法机关、参加游行只是弗里丹为了说服大部分男女同胞支持《平等权利修宪案》所做出的努力的一部分。她花了大量的时间和精力撰写支持《平等权利修宪案》的文章，发表在《红皮书》(Redbook)、《纽约时报杂志》(New York Times Magazine)和其他主流出版物上。1979年，弗里丹和顶峰图书公司(Summit Books)签订了一份合同，打算将这些文章集结成册，再加一些新文章，成为她的第三本书《第二阶段》(The Second Stage)。这一次，弗里丹直到1982年才完稿，刚刚赶上截稿时间。这本书有可能在关键的几个州里扭转投票结果，使《平等权利修宪案》得以通过，这敦促着弗里丹尽快完成书稿。

《第二阶段》使人们回想起了弗里丹在《女性的奥秘》、美国全国妇女组织宗旨宣言以及妇女权利法案中所提倡的观点。她一直认为，大部分寻求平等的女性只不过是想在作为妻子和母亲的同时，能够在更大的空间里展现自己的才智。弗里丹再次强调了这些观点，指出家庭是"争取女权的新领域"。她没有改变她的基本想法。相反，她利用家庭和经济的相关研究中的访问和数据，将争论的焦点从妇女权利转移到了家庭权利。她注意到，根据政府的统计数据，只有11%的美国家庭保持着传统的模式，即丈夫挣钱，妻子是全职太太，拥有一个或多个孩子。这一事实表明，无论是出于自身的意愿

贝蒂·弗里丹在华盛顿领导支持《平等权利修宪案》的
游行(1978.7.9)。© **AP Images**

还是经济的需要,年轻妇女必须在生孩子和工作之间做出选
择。如果她们既想生孩子又想工作,那么她们就必须做两份
工作:在公司上班以及在家操持家务。

　　贝蒂·弗里丹认为,家庭正岌岌可危。为了改变这一状
况,处于合作关系的女人们和男人们必须向企业和政府施压,
要求"有益于家庭"的政策。职工福利必须包括育婴假、弹性
工时和儿童保育机构,企业还必须保证减少工作时间将不会
危及职位和升职。同时,州政府和联邦政府必须为家庭减税
以补贴养育孩子的费用,还应该通过税务政策来鼓励社区组
织为双职工家庭建立高质量的儿童保育机构,这一点也同样

重要。为了争取家庭权利这一"女权的新领域"，弗里丹认为必须通过《平等权利修宪案》。

菲莉斯·施拉夫利一直声称《平等权利修宪案》将会摧毁家庭，而贝蒂·弗里丹却使家庭成为了"争取女权的新领域"，从而打击了施拉夫利。但是，为了争取通过《平等权利修宪案》，反驳施拉夫利"叫停《平等权利修宪案》"的论调，弗里丹与女权主义者的关系疏远了，因为她忽略了女权主义者支持《平等权利修宪案》的原因，即《平等权利修宪案》可以以法律的形式而不是公共政策的形式来确保所有妇女的不可剥夺的权利。

弗里丹知道其中的风险，但是她决定孤注一掷。她认为她能够说服主流群体和保守的女性，使她们相信《平等权利修宪案》不会威胁她们作为妻子和母亲的角色。她觉得女权主义者们会赞同她的行为。但是弗里丹赌输了。在主流群体中，施拉夫利比她更具可信度，更受支持。而女权主义者们认为弗里丹是一个叛徒，她所说的家庭是"争取女权的新领域"完全是反女权的。

但是，混乱的女权政坛远没有争取通过《平等权利修宪案》的最后失败而使弗里丹烦心。1982 年 6 月，《平等权利修宪案》的通过仍然缺少三个州的支持，反对修宪案的州包括弗里丹的家乡伊利诺伊州。争取通过《平等权利修宪案》的失败标志着第二波女权运动的结束。

贝蒂·弗里丹已经厌倦了为争取《平等权利修宪案》而战的日子，她累了，此时她已经六十多岁了，她需要放慢脚步，休息一下，然后好好地想想作为一个公众人物该如何度过她剩下的岁月。就和 20 世纪 70 年代早期一样，弗里丹再次思考什么是自己需要优先考虑的事情，并且花更多的时间和孩子们以及朋友们在一起。在争取通过《平等权利修宪案》的同时，弗里丹跨出了意义非凡的一步。1978年，她在汉普顿斯的一个社区萨格港买下了一栋房子。她的新家不仅仅是一栋避暑别墅，更是在长达20年的时间里成为了家人和朋友的聚会地。就和以前一样，贝蒂用色彩明亮的印花布装饰房间，使客厅舒适而活泼。她在客厅的墙上挂了抽象画，而壁炉前写着"女人的位置就在世界之中"。

这栋房子的另一个特色是直面萨格港海湾美景的宽敞的后花园，这里是和家人、朋友一起开派对的好地方。更具意义的是，这个美丽的后花园还是贝蒂的两个孩子乔纳森和埃米莉举办婚礼的地方。1981年，乔纳森和海伦·耐克迪门(Helen Nakdimen)结婚，海伦当时正在护士学校学习，她后来成为一名拉比*。1984年，埃米莉嫁给了医生伊莱·法西(Eli Farhi)，现在她也成了一名药剂师。为了使孩子们的婚礼毫无遗憾，卡尔·弗里丹也赶来参加了婚礼和庆祝活动。弗里丹的大儿子丹尼尔在1989年结婚，但是婚礼并没有在萨格港举行。他的妻子是冰岛人，他们在婚前就有了两个孩子。和丹尼尔一样，他的妻子也是物理学家。

对弗里丹一家来说，萨格港的家成了他们的"基地"。卡尔·弗里丹也常常来参加聚会。萨格港的家使贝蒂的孩子们、他们的另一半以及卡尔之间的关系越来越亲密。到1993年为止，弗里丹共有6个孙子和2个外孙，成为了一个自豪的祖母。我们可以想象，弗里丹一家围坐在长长的餐桌边，边吃饭边谈论他们的生活和想法。朋友一直是弗里丹生活的一部分，他们陪伴她走过20世纪60年代和70年代的痛苦生活，

---

* 犹太学者。——译者注

此时，朋友们发现弗里丹比以前和蔼了许多。买下并装修这套房子，并使之成为自己家人的聚会"基地"，使得贝蒂·弗里丹强硬的形象"柔软"了很多。

也许弗里丹在这段时间比较平静，但她从未停止为女性争取平等。她明白，《平等权利修宪案》的失败意味着妇女运动的结束。如今，在无处不在的保守主义政治氛围下，妇女运动遇到了障碍。罗纳德·里根（Ronald Reagan）当选总统、道德多数派（Moral Majority）对文化、政治的影响，以及人们对生存权的广泛支持破坏了女权主义者的议程，终结了女权主义者的影响力。贝蒂·弗里丹从不会向失败投降，她仍然在这个"广大的、散漫的、多元的"后女权主义时代里坚持不懈地寻找新的机会来寻求变革。

为了在后女权主义时代里找到一个位置，弗里丹决定以一个思想家的身份而不是一个妇女组织领导人的身份来扩大她的影响力。因此，她继续以杰出学者的身份接受研究型大学和研究院的邀请，在研究生讨论课和公开的座谈会上验证她的想法，包括如何提升女性的人格、如何与学者和教育家合作、如何深入研究人口老龄化和社会政策。在 20 世纪 80 年代和 90 年代，弗里丹对这两个题目很有兴趣："衰老的奥秘"以及女权主义的新领域——家庭。她于 20 世纪 70 年代开始研究"衰老的奥秘"。

1978 年，罗伯特·巴特勒（Robert Butler）在宇宙俱乐部（Cosmos Club）邀请贝蒂·弗里丹吃午餐，这家会员制俱乐部非常有名，是华盛顿的知识分子精英最爱去的社交场所。巴特勒是一名内科医生，对老年学很感兴趣，于 1975 年凭借《为什么要生存？变老在美国》（*Why Survive? Growing Old in American*）获得了普利策奖，他还是美国国立卫生研究院

(National Institutes of Health)国家抗衰老研究所(National Institute on Aging)的创始人,并于 1975 年至 1982 年间担任该研究所的主任。无论是在书里还是在研究所里,巴特勒都指出,对于衰老过程的医学解释将人们的视野局限在衰老所带来的生理和心理的退化上,例如心脏病和老年痴呆。为了创建一门“新老年学”,有人提出要积极生活并活得更长寿,巴特勒希望弗里丹来调查为什么女人活得比男人长。用餐时,巴特勒告诉弗里丹,有关衰老的所有理论和政策都是针对男性的,尽管实际上女人普遍要比男人长寿 8 岁,65 岁以上的老年人中大部分是女人。因此,女性在退休后在医疗卫生和公共政策上也遭受着歧视。

弗里丹对此很感兴趣:一个关于妇女衰老过程的研究将是为女性争取权利的另一个维度。接着,巴特勒又提出了一些更为深入的问题,正是她在 20 世纪 70 年代在专栏“贝蒂·弗里丹的笔记本”上提过的问题。在专栏文章里,贝蒂为读者们讲述了她自己的母亲米里亚姆的故事,当时米里亚姆已经七十多岁了,住在加利福尼亚州南橙县的高档退休社区“悠闲世界”(Leisure World)里。当弗里丹于 1972 年来到南加利福尼亚参加美国全国妇女组织的年度会议的时候,她母亲还开车来她的酒店看她。米里亚姆想来看望女儿,更重要的是,她还想参加美国全国妇女组织的会议,而且她很享受这段经历。

弗里丹在文中强调,她母亲的生活方式非常积极,也过得很充实。读者还得知,米里亚姆在弗里丹的父亲去世以后又结了两次婚,而且都比她的两个丈夫活得长。然后,米里亚姆还在 70 岁时开始了一项新事业,即成为了南加利福尼亚州举办的复式桥牌竞标赛的经理(她一直很喜欢打桥牌)。两年后,她开始练习骑马,并在 74 岁时又开展了一项“事业”,即分售对生态有益的可降解清洁剂、化妆品和维他命。在文章末尾，弗里丹总结道，通过对她的 74 岁的老母的观察，她突然明白了，"有多少人像我的妈妈一样，在七八十岁的时候还依然在努力生活，他们拒绝被关在私人疗养院里，也不想因为退休而被人忽略，就好像他们已经死了一样"。然后，她极富激情地提出了一个问题："这会发展成为下一个解放运动吗？会在 1972 年或 1976 年出现另一个强大的新人类政治联盟吗？"巴特勒在 1978 年也提出了这一问题。

与巴特勒的谈话无疑使弗里丹想起了 1972 年和母亲一起生活的时光。这也促使她去做了一些关于衰老的初步研究。1979 年，福特基金会（Ford Foundation）资助弗里丹 6 万美元，资助她在哥伦比亚大学研究的两个课题："衰老的过程"以及"丈夫和妻子在家庭里的职责的转换"。尽管她在早年做过很多研究，但从某种程度上来说，她一直忽略了"衰老"这个迫在眉睫的题目，因为她一直专注于《平等权利修宪案》。但弗里丹后来也承认，她一直回避这个问题是因为她也一直在衰老。她在《生命之泉》（The Fountain of Age）一书的前言中写道，当她的朋友们悄悄为她操办六十大寿时，她差点杀了他们。"他们的祝酒词听上去不怀好意，他们这么做好像是让我宣布自己已经六十岁了，无论是在职业上、政治上、个人生活上还是性生活上，都应该退出了。"她为此郁闷了好几个星期，因为她不想面对她已经六十岁了这个事实。

然后，和从前一样，弗里丹再次振作起来。她接受了她的年龄，并且把"衰老"这个课题作为优先研究对象。1982 年，弗里丹被哈佛大学政治协会（Harvard's Institute of Politics）选为杰出学者，这使她能够使用所有大学的资源来研究"衰老"。她研究发现，65 岁以上的人中只有 5% 的人在得老年痴呆症后能够活下来，但是公开发表的研究大多只关注老年人的体力衰退问题，只是把这种疾病和其他疾病等同起来，都会导致老年人的衰退。此外，在哈佛医学院有关于私人疗养院的讨论课和研究，在神学院有关于"丧礼仪式"和"来生的概念"的讨论课。在 20 世纪 80 年代，弗里丹还参加了很多老年学研究协会举办的会议。她在一个会议上发现，90% 的发言都是关于私人疗养院、衰退、痴呆和死亡的。

弗里丹想研究一下其他方面——她想看看老年人都在做什么，而不是医学界和媒体是怎样看待衰老过程的。她采访了住在养老院和她母亲居住的高级养老社区里的老人们。为了得到第一手资料，弗里丹在 1984 年报名参加了专为 55 岁以上的成年人举办的集中训练营。她在北卡罗来纳州待了几个星期，体验了白浪漂流、迅速穿过落差 12 英尺的急流、徒步旅行，学会了如何使用指南针。1988 年，弗里丹前往位于迈阿密海滩（Miami Beach）的普里蒂金长寿中心（Pritikin Longevity Center），因为这家机构宣称这里的晚年生活非常丰富有趣，这在 20 世纪 80 年代是不多见的。在这两个星期内，弗里丹减掉了 10 磅，胆固醇和血压也降低了，还坚持每天慢跑 45 分钟。作为南加州大学（University of Southern California）安德勒斯老年学中心（Andrus Gerontology Center）的访问学者(1986～1993)，弗里丹一边在给学生上课时检验她的成果，一边利用中心的资源继续做深入的研究。

撰写《生命之泉》的过程就像孕育一个孩子，耗费了弗里丹十年的时间。尽管她一直很有动力，但她还得开讲座、上课、旅行，不免会分散注意力，而且，她总会做很多无谓的研究。1988 年又发生了一件会分散她注意力的事情，但是这件事会使她的这本书更能反映她的生活，也更具意义。这一年，她母亲去世了。

在 20 世纪 80 年代，米里亚姆仍然住在"悠闲世界"，但发生了很多意外，她摔断了一条腿，臀部也受伤了。她恢复得很辛苦，努力学习使用拐杖来让自己生活自理。意外发生后，米里亚姆的医生让她不要再参加复式桥牌比赛了，因为这会给她带来很大的压力。贝蒂当时住在南加利福尼亚州，在南加州大学教书，她认为医生的建议是个巨大的错误。医生让米里亚姆辞职，这就等于带走了她的生活支柱。此后，米里亚姆越来越无法生活自理了。她经常不吃饭，浴缸的水溢出来了她也不管。米里亚姆过了 90 岁生日以后没多久，贝蒂、贝蒂的弟弟哈里以及贝蒂的妹妹埃米就决定送她去私人疗养院。由于贝蒂和她的弟妹们都有责任照顾母亲，他们决定让母亲住到密尔沃基市去，因为哈里的女儿是心理医生，正住在那里。1988 年早春，贝蒂和哈里把母亲带到了密尔沃基。几周后，贝蒂去看望母亲。这是她们最后一次见面。

贝蒂后来写道，在这最后一次见面时，她拥抱了母亲，并说"我爱你"。她说这句话时是真心的。她母亲回答道："我知道，亲爱的，我也爱你。"她母亲的这句话也是发自内心的。探望过母亲后，贝蒂返回洛杉矶，给南加州大学安德勒斯老年学中心的学生们上课。几天后，她得知母亲去世了。米里亚姆只在私人疗养院住了六周。她被葬在皮奥里亚，在她的第一任丈夫哈里·戈尔茨坦的身边长眠。作为母亲的长子，贝蒂在葬礼上念了悼文。

多年以来，贝蒂从母亲的身上学到了很多，也十分尊重母亲。她非常敬佩母亲的勇气，能够一直过得十分充实直到生活无法自理。当弗里丹在 1992 年完成《生命之泉》之时，她为她的父母写了一段话："谨以此书献给我的母亲米里亚姆和我的父亲哈里，他们使我的生活更为广阔。"她还嘱咐孩子们不要把她送进私人疗养院，孩子们同意了。

《生命之泉》于《女性的奥秘》出版30年后面世，这本书让72岁的弗里丹重回《纽约时报》的畅销书排行榜——虽然只在榜单上停留了六个星期。对于此书的评论非常好，所获的稿费也足以让弗里丹在萨格港的房子多一个主卧和一个浴室。但这位在60岁后依然力争活得精彩的作家却差点看不到她的成功。在把第四本著作的手稿寄给出版商以后，弗里丹就因为心力衰竭住进了医院。

在加利福尼亚州高塞拉山（High Sierra Mountains）的约塞米蒂国家公园（Yosemite National Park）疗养的时候，弗里丹几乎无法呼吸。她之前认为这是因为她的老毛病哮喘发作，但去了约塞米蒂的内科诊所之后她才知道她的心脏周围充满了液体。于是她马上回到洛杉矶去看心脏病专家，专家告诉她，她主动脉瓣感染，非常容易心力衰竭。弗里丹被救护车送进了好撒玛利亚人医院（Good Samaritan Hospital），她的女儿埃米莉（儿科医生）及其丈夫（心脏病医生）都来到洛杉矶，以确保弗里丹尽可能在医疗上得到最好的照顾。弗里丹动了一个心脏手术，换掉了受感染的瓣膜。

新换的瓣膜在几个月内就不行了，需要再换新的。在动第二次心脏手术的时候，《生命之泉》的出版日期近在眼前，弗里丹决定去为自己的书做宣传。最好的机会就是美国书商协会（American Booksellers Association）正在迈阿密召开的会议。尽管女儿不让她去参加会议，但她坚持要去。弗里丹坐着轮椅出席了会议。埃米莉作为女儿和医生一直伴其左右以防万一。1993年，弗里丹接受了第二阶段手术，这阶段的手术一直持续到1997年，这一年她又更换了瓣膜，之后就完全康复了。

在写《生命之泉》的同时，弗里丹继续发展她在《第二阶段》中提出的理念"家庭是女权主义的新领域"。她明白，"改革的真正的前沿阵地"需要为性别角色、家庭结构以及职场下新的定义，还需要公共政策来确保"女性在选择建立家庭的同时可以保住工作，如果她们想要孩子，政府可以提供日托服务"。为了深入研究，弗里丹在 1994 年成功地在伍德罗·威尔逊国际学者中心（Woodrow Wilson International Center for Scholars）申请到了一年的奖学金，之后又将奖学金延期了一年。为了方便工作，她卖掉了纽约的公寓，搬到了华盛顿。

在威尔逊中心，弗里丹有机会通过有关男性、女性、工作、家庭、公共政策的座谈会来考虑和探索性别角色的改变。弗里丹和妇女政策研究所（Institute for Women's Policy Research）的海蒂·哈特曼（Heidi Hartmann）共同主持这些座谈会。她们带领来自劳方、协会、国会、公共政策机构的学术领头人一起研究人们需要的不同的模式以契合 20 世纪 90 年代发生在职场和家庭中的经济变化和社会变化。这一系列的会议被定名为"新理论模式"，要求与会者论述现存的冲突。有待探讨的问题包括"在普遍公司效益滑坡、收入减少时出现的'愤怒的白人男人'现象"、"在新一轮的白人对黑人民权运动的强烈抵制中，妇女和少数族裔成为替罪羊"、"超负荷工作"以及"家庭时间的减少所带来的压力"。弗里丹把座谈会上的内容作为她的第五本书《超越性别：工作和家庭的真正的政治》（*Beyond Genders: The Real Politics of Work and Family*）的基础，这本书于 1997 年由约翰·霍普金斯大学出版社（Johns Hopkins University Press）出版。她还凭借她在威尔逊中心的工作以及她的书申到了基金用以继续研究。

贝蒂·弗里丹受到了福特基金会主席苏珊·贝里斯福特
(Susan Berresford)的鼓励,于 1998 年向基金会递交了一份计
划书,继续要求资金以支持关于工薪阶层家庭的"新理论模
式"和公共政策的研究和研讨会。于是,基金会向弗里丹提供
了 100 万美金,资助她完成这个四年计划。基金会要求由一
个学术机构来承担这个项目。弗里丹考虑了很多大学,最终
认为康乃尔大学(Cornell University)最为合适。康乃尔大学
的优势在于已经在纽约建立了妇女和工作研究所(Institute
for Women and Work),隶属于劳资关系学院(Industrial and
Labor Relations)。

弗里丹作为康乃尔大学的访问教授,带着研究课题"新理
论模式项目:女性、男性、工作、家庭和公共政策"在校内组织
了一系列的工作会议和圆桌战略会议来讨论关键问题。这一
"新理论模式项目"包括三个中心议题:(1) 职场的重构及其
对工薪阶层低收入家庭和工薪阶层中等收入家庭的影响;
(2) 国际竞争时代中的企业的社会责任和劳动法改革的必要
性;(3) 积极立法规定儿童保育和全球卫生保健的必要性。与
会者来自研究种族问题、激进问题、全国问题和性别差异的组
织,这些组织向来立场极端。与会者们都认为以上三个问题
比中产阶级家庭和上层中产阶级家庭所面临的问题更紧迫。

1998 年 9 月至 2000 年 3 月,弗里丹在九个讨论会中的六
个中担任专门小组成员。大部分研究课题都反映了她对于
"女权主义的新领域"的观点,在她担任专门小组成员的讨论
会就更是如此了。例如,第一个研讨会提到了弗里丹的一个
观点。这个讨论会的题目为"美国对于性的迷恋",大家探讨
了当今对于美国职场和国会中的性别政治的争论和媒体报
道。在 1999 年 12 月的讨论会"打开美国儿童保育的政策之

门"上，大家探索的问题就是弗里丹在美国全国妇女组织妇女权利法案上首次提出的。讨论的观点就好像是由弗里丹提出并主导的一样，论述了政策制定者、商务代表、工会会员对儿童保育以及妇女升职的阻挠所带来的影响。2000年3月，弗里丹主持了"工作和家庭生活的性质的改变：关注男性"的讨论会。在讨论会上，与会者需要讨论以下问题："自20世纪60年代起，一些女权主义者认为，真正的性格平等只有在男女在家庭中承担相同的责任时才能实现。"很明显，这样的观点和关注点直接来自贝蒂·弗里丹。

20世纪90年代晚期，贝蒂·弗里丹为"新理论模式项目"所做的工作并不仅局限于她的专业兴趣。迫于家庭、朋友、同事的压力，她开始写自传，回忆她"此前的一生"。起初，弗里丹并不想写自传。首先，她认为写回忆录通常意味着一个人的政治生涯的结束——但她正变得越来越有影响力。其次，她想把她的精力和时间花在寻找新目标和新项目上，而不是用来回顾自己七十几年的生命。但她最终还是看到了写自传所带来的公共价值和私人意义。

刚开始，弗里丹决定写自传是为了"澄清是非"。在20世纪90年代中期，有两位传记作家前来采访弗里丹，他们的兴趣点和问题对她的生活和工作来说都是无关紧要的。她想要反驳他们的结论，她认为这些结论或带有偏见或完全错误。此外，弗里丹像其他公众人物一样，知道20世纪的结束将会引发公众对于她所作出的巨大贡献的兴趣。一旦新千年到来，《女性的奥秘》将会被列入20世纪最具影响力的一百本书。因此，弗里丹感到亟须利用她的回忆录来揭秘创作这本书的过程，更重要的是告诉别人她是如何发起第二波女权运动的，她认为，这一运动改变了美国的历史。

弗里丹的回忆录《此前一生》(*Life So Far*)在 2000 年出版。熟悉弗里丹的其他作品的人会发现,这本书和其他书一样也很具有自传性质,有很多回忆的重复片段。然而,和所有的自传一样,弗里丹的回忆录体现了她既作为一个独立的人又作为一个公众人物是多么想被人们记住,这是最重要的一点。作为一个公众人物,弗里丹说她从未打算"发起妇女革命",而是"就这么发生了……是家庭生活、历史、运气加在一起产生的奇迹,前者导致了后者"。同时,弗里丹明确指出,妇女运动一展开,她就认为自己是最有洞察力、最坚持、最忠诚的领导人之一。

贝蒂·弗里丹还表示,她发起、组织、推动这场未完成的女性革命的方法来自她的个人准则——她的政治行为与她的个人经历是有着直接联系的。简单地说,"个人即政治"对弗里丹来说意味着一种共生关系,即她穷其一生想要成为一个有自我意识的、诚实的、信念坚定的人,这反过来赋予了她力量,使她能在公共场合维护女性的平等与公平。

在《此前一生》的最后一章,弗里丹把她的政治生活和私生活联系在一起,告诉人们她为什么要花五十多年的时间来维护女性的权利。"我这么做是为了我的父亲,"她写道,"所以男人们不会因为他们的妻子因必须依赖丈夫而活而产生的挫败感而感到有负担。"她继续写道:"我这么做也是为了我的母亲,因此女人们再也不会因从属于男人而感到不满,也不会因没有属于自己的事业而感到不满。"最后,弗里丹说她"这么做还为了孩子们,因此孩子们将不必身负他们的母亲因依靠男人而活而背负的重担。"

弗里丹最后声称她从未准备放弃她的政治生活。她已经为新的冒险做好了准备。她不会待在家里，坐在摇椅上的。然后，弗里丹极为满意地回顾了她的一生：

> 回顾往事，我想我是幸运的：我的人生与历史的发展十分契合。能够用我的一生以一种人们想都没想过的方式来改变社会，这种冒险带来的喜悦是无法衡量的。无论我在我的人生中经历了什么——我从未想过我会将我所受的教育运用在一项真正的事业之中、我最终终于明白了我母亲所受的挫败感、我作为一个记者在工人运动中的学习经历、因怀孕而被炒鱿鱼、在"快乐主妇"时代为女性杂志写文章、做早期选民研究、探索美国生活的经济弱点和心理弱点、婚姻中的快乐和遗憾、我的衰老——所有的一切都最终为我所用：我利用了这一切。天知道我还将利用什么？

贝蒂·弗里丹于 2006 年 2 月 4 日——她 85 岁的生日那天逝世。她没时间来回答自己的问题"天知道我还将利用什么？"，因此她把这个问题留给了别人。这个问题要求当今社会的女人们和男人们去思考如何才能同时兼顾私生活和公共生活。

附录 1

美国全国妇女组织
宗旨宣言（1966 年）*

我们，特此组建美国全国妇女组织的男人和女人，相信一个新的时刻已经来临，这是通向全体美国女性真正平等的时刻，是通向两性完全平等的伙伴关系的时刻，它是如今正在我们国家内外爆发的世界规模的人权革命的一部分。

美国全国妇女组织的宗旨是：采取行动，带领女性完全加入到当今美国社会的主流，其中包括，同男人结成真正平等的伙伴关系，履行全部的优先权和责任。

我们相信，是时候超越最近几年中风行美国的、有关女性地位及女性特殊的自然属性的抽象的争辩、研讨和座谈了；是时候以具体的行动来勇敢地面对那些正在阻碍女性，使她们无法享受机会均等和选择自由的乐趣的状况了，而这些是她们作为美国人和人类的一员的权利。

美国全国妇女组织致力于这样的事业：女性首先并且最重要的是人，她们，像我们社会中的其他所有人一样，必须拥有机会发展自己全部的人的潜能。我们相信，女性只有作为

---

* 1966 年 10 月 29 日，美国全国妇女组织的第一次全国会议在华盛顿召开，会议通过了这份具有历史意义的文件。这一《宗旨宣言》由贝蒂·弗里丹执笔。

美国政治、经济和社会生活的决策性主流的一部分，接受这个社会中与其他所有人共有的全部挑战和责任，才能达到这样的平等。

我们有组织地发起或扶持各种行动，无论这些行动是全国性的还是区域性的，是个人的还是团体的，目的都是揭去歧视女性的伪装，因为对女性的偏见和歧视存在于政府、企业、行会、教堂、政党、司法机关、工会中，存在于教育、法律、宗教和美国社会的各个重要领域中。

目前，正在我们社会中发生的巨大变革，使推进女性走向真正平等的未竟的革命事业不但成为可能，而且成为迫切需要。既然女性的寿命可长达近 75 年，那么，她就既无必要也无可能将自己的大部分生命用在哺育孩子之上；可是，人们还是时常用生儿育女（它将继续是大多数妇女生活中最重要的一部分）来证明阻碍女性在职业、经济参与及晋升方面获得平等机会的做法是正当的。

女性曾负责在家做家务，也在依靠普通非技术工人进行大规模生产的企业中做创造经济价值的杂务，但当今的科学技术已经使这样的工作机会大大减少。实际上，技术已经使体力不再是完成大部分工作的必要条件了，同时美国工厂对富有创造性的脑力劳动的需求越来越大。鉴于这种在 20 世纪中期由自动化技术引发的新的工业革命，女性能够、也必须以平等的姿态投身于社会的新老领域中，否则，她们只能成为永远的旁观者。

虽然，近年来有关美国女性地位的议论沸沸扬扬，但是在整个 20 世纪 50 年代和 60 年代，美国女性的实际地位已经退化到一种令人警醒的地步。尽管在 18 岁到 65 岁的美国妇女中，有 46.4％的人在外工作，可其中绝大多数（75％）干的是普通的文书、销售或工厂工作,有的则是家政服务员、女清洁工、医院护工。大约有 2/3 的黑人女工干的是报酬最低的服务性工作。女性越来越多(而不是越来越少)地集中于工作梯队的最底层。其结果是,如今,全职女性劳动者的平均收入只相当于男人收入的 60%,而且在过去的 25 年中,在每个主要的行业领域中,这条收入的鸿沟都在日益扩大。1964 年,在有年收入的全部妇女中,89% 的人一年的收入在 5 000 美元以下;全职女性劳动者,有一半人的收入低于 3 690 美元;只有 14% 的全职女性劳动者的年收入达到或超过 10 000 美元。

其次,尽管在当今社会,高等教育日益成为基本需要,但进入大学、完成大学学业或继续进入研究生院和职业学校的女性却太少了。如今,在取得学士或硕士学位的人中,女性只占 1/3,而在取得博士学位的人中,女性只占 1/10。

在所有人们认为对社会有重大意义的行业,以及企业和政府部门的行政管理阶层,女性正在失去自己的地盘。在那些地方,她们只是装点门面的少数。在联邦法官中,女性所占比例不到 1%;在所有律师中,女性所占比例不到 4%;在医生中,女性所占比例只有 7%。而女性却占美国人口的 53%。而且,在中小学校、社会工作领域和图书馆中,越来越多的男性正在取代女性来担任高级职位——这些地方一度被认为是女性的领域。

官方宣称女性地位有所提高,这不仅掩盖了这种危险的倒退的真实性,而且掩盖了没有采取任何措施制止这种倒退的事实。总统的妇女地位委员会和各州妇女地位委员会的杰出报告至今未被彻底实施。这种委员会只有建议权,没有实施其建议的权力,也没有组织女人和男人采取行动、为这些建议的实施向政府施加压力的自由。尽管如此,这些委员会的报告还是打下了基础，现在，在这一基础上可能会有所建树。如今，联邦法律禁止就业中的性别歧视，这项法律见丁1964年国民权利法案(Civil Rights Act)第七款。可是，尽管第一年送交平等就业机会委员会的案件中，就有近1/3的案件涉及性别歧视，而且这个比例正显著增长，委员会却没有明确表示要像为其他受歧视的受害者争取权益那样以同样严肃的态度为女性的利益实施这项法律。这些案件中有很多受害人是黑人妇女，她们是种族歧视和性别歧视的双重牺牲品。迄今为止，几乎没有什么妇女组织和官方发言人愿意站出来对抗女性所面临的威胁。太多女性退缩了，因为她们害怕被叫做"女权主义者"。我们已经有了为黑人和受歧视者争取权利的人权运动，却没有一个同样为妇女说话的人权运动。所以，美国全国妇女组织必须开始发言。

我们相信：美国法律的力量、美国宪法对所有公民权利的保护，一定会得到有效的应用和实施，从而孤立并最终消除种种形式的性别歧视，如同确保黑人和其他被剥夺平等的人的权利那样，确保女性获得平等的就业和教育机会，确保女性公民权利和义务以及政治权利和义务的平等。

我们意识到，妇女问题和有关社会正义的许多问题息息相关；这些问题的解决需要许多团体的具体行动。因此，鉴于相信所有人类的权利都是密不可分的，我们希望能向为所有被歧视、被剥夺权利的人争取平等的公民权利的共同事业提供积极的支持。同时，我们呼吁致力于这些目标的其他组织也来支持我们为女性争取平等的斗争。

我们不接受象征性的任命，即将个别女性提拔到政府和企业的高位，我们要求认真严肃地按个人能力来聘用和提拔女性并秉承这一做法。为了达到这一目标，我们敦促美国政府和企业调动同样的创造性和能力资源,运用这样的资源,他们已经解决了比现在正阻碍女性前进困难得多的问题。

我们相信:这个国家至少能和其他国家一样,能够创立新的社会机制,使女性在不与她们母亲和主妇的身份发生冲突的情况下,在社会上享有真正平等的机会和义务。在这样的革新中,美国没有领先于西方世界,反而落后于许多欧洲国家几十年。我们不接受传统的假定,认为女性非得在婚姻和为母之道以及积极投身企业或各行各业之间做出选择。目前,人们都希望所有普通妇女都暂停工作 10 年或 15 年,把全部时间用在培养孩子身上,然后以相对较低的水准再重返岗位,对此我们要提出质疑。这一期望本身就在阻碍女性实现抱负、参加管理或职业训练课程、获得平等的机会和真正的选择权,所有的女性都面临着这一威胁,而不是仅仅一小部分女性面临这样的难题。首要的一点,我们拒绝这种臆断,即认为这些问题是每位女性个人独一无二的责任,而不是一个必须由社会解决的、根本的社会难题。为了使女性拥有真正的平等机会和自由选择的权力,我们需要可行的、实际的、革新的措施,如全国规模的幼托中心,以使妇女不必从社会中彻底退出,直到孩子长大成人;再如,制定全国性项目,向选择全天候照料自己孩子的妇女提供再训练课程。

我们相信:接受教育、挖掘其人类能力的全部潜力,对男孩和女孩来说一样重要,因为我们清楚,这种教育是有效参与当今经济领域的关键;我们也清楚,女孩和男孩一样,只有当教育有望在社会上派上用场时才可能是认真严肃的。我们相信,美国的教育工作者有能力想出一些方法来将这种期望传递给女学生。此外,我们还认为,女性接受高等教育和职业教育的比例的下降,乃是性别歧视的证据。这种歧视不让女性进入大学或职业学校；这种歧视使父母、同事和教育工作者都不鼓励女性接受教育；这种歧视使女性无法得到贷款或奖学金；这种歧视使人们固守传统的、适于男性的高等教育制度或职业训练惯例。这些做法都在不经意间构成了对女性的歧视。我们相信，对高中退学的人，无论男孩还是女孩，都应该给予同样严肃的关注。

我们拒绝接受当前的臆断，即认为一个男人必须挑起供养自己、妻子和家庭的全部重担；认为凭着婚姻，一个女人自然有权终身受到男人的供养；认为婚姻、家和家庭是妇女最主要的世界和义务——女人管家，男人供养。我们相信，两性之间真正的合作关系需要一个不同的婚姻概念，需要男女双方平均分担家和孩子的责任，平均分担生计所需的经济负担。我们相信，管理家事和照料孩子的经济价值和社会价值，都应得到应有的承认。为了实现这些目标，我们要争取重审适用于结婚和离婚的法律和风俗，因为我们相信，当前两性之间的"半平等"状况是对男女双方的歧视，是造成两性间许多不必要的敌对的根源。

我们相信：女性现在必须履行她们作为美国公民的政治权利和义务。她们必须拒绝在政治党派中因性别因素而被隔离为"个别且不平等"的女士助理，她们必须在那些通过正规渠道组建的地区、州、全国级政党委员会以及非正式权力机构中，按她们的人数获得代表权，完全参与候选人选举、政治决策，并亲自竞选公职。

为了女性的人格尊严，我们将抗议并力图改变目前流行于大众媒体、教科书、典礼仪式、法律以及我们主要社会机构中的错误的女性形象。这种形象使社会长期对女性存有偏见，甚至连女性自己都歧视自己。教堂、州、大学、工厂或办公室往往制定一些政策和措施,借助保护的伪装,不仅剥夺了女性的机会,而且导致女性自我贬低、产生依赖性、逃避义务,伤害她们对自己能力的自信心,助长了对女性的蔑视。对于所有这些政策和行径,我们同样加以反对。

现在,我们将坚持独立于所有政党之外,以调动所有和我们有着共同目标的女人和男人的政治力量。我们将竭尽全力,确保所有违背或无视两性间的完全平等原则的政党、候选人、总统、议员、州长、众议员或任何公共官员都不能当选或得到任命。如果要为女性赢得成为完全自由和平等的人的最终权利,就要鼓动信仰我们事业的男人和妇女投票的话,那么我们承诺我们肯定会这么做。

我们相信:只要女性立即行动起来,为自己的平等、自由和人的尊严大声疾呼,就能全力创造出一个新的女性形象。我们不要求特权,也不仇视男人(他们也是目前两性间半平等的牺牲品),而是想和男人们结成一种积极的、自尊的合作关系。只要做到这些,妇女就会培养起对自己能力的自信,并在与男人的合作关系中积极地决定她们的生活状态、她们的选择、她们的未来、她们的社会。

附录 2

美国全国妇女组织
妇女权利法案（1968 年）*

一、平等权利宪法修正案

二、在法律上禁止就业中的性别歧视

三、规定产假为就业和社会保障福利中的一项权利

四、减免双职工家庭养育子女费用的税收

五、建立日托幼儿中心

六、实行平等的、非隔离的教育

七、贫困妇女必须享有平等的职业训练、领取补助的机会

八、妇女有权决定是否生育

我们要求：

一、美国国会平等权利宪法修正案，以确保"美国和美国各州都不能因性别而否认或剥夺受法律保护的权利平等"，这样各州才会迅速通过这一条款。

二、平等就业机会委员会应按照 1964 年的民权法案第七款的规定禁止就业中的性别歧视，其执法力度应与禁止种族歧视相同，这样才能确保女性在就业中与男人们拥有同样的

＊ 1967 年，美国全国妇女组织全国代表大会通过了这份文件。这份文件由贝蒂·弗里丹起草。

平等的机会。

三、法律必须确保女性有权在产后休息一段合理的时间后回到工作岗位上，工龄保留并得到应有的福利，产假期间的工资也应该被视为一种社会保障或员工福利。

四、立即修订税法，为双职工家庭的家庭和儿童保健费用减税。

五、法律应规定建立儿童保育设施，就像建立公园、图书馆和公立学校一样，以满足孩子在学龄前到青春期期间的需求。这些设施应成为一种社会资源，使所有收入阶层的市民都能使用和受益。

六、联邦法律和各州法律应确保女性拥有和男人同样的接受教育的权利以充分发挥自己的潜能，任何性别歧视和隔离都应取消，包括大学、研究生院和专业学校、贷款和奖学金，以及类似于就业工作团的州培训计划在内的所有类型的教育，都应该给女性以同样的机会。

七、贫困的女性应和男人一样享有工作培训、住房和家庭补贴的权利，对于留在家里照顾孩子的一方不得有任何歧视：修订那些拒绝给予女性尊重、隐私和自尊的福利法和扶贫项目。

八、取消刑法中禁止避孕和管制堕胎的规定，女性有权决定是否生育。

学习与讨论问题

1 犹在镜中

　　1. 比较贝蒂与母亲的母女关系和她与父亲的父女关系。父母是怎样培养她的？她与父母关系的消极的一面是什么？请举例说明。

　　2. 从一年级起,学校在贝蒂的生活中成了一股正面力量,因为学习、课外活动以及朋友给她带来了自信。请找出两个例子来证明这一点。至少找一个高中的例子。

　　3. 弗里丹长大后常常提及她高中时未被邀请加入女生联谊会。她认为自己为何会被拒绝？她的父母是如何劝她的？这段经历如何改变了她对自己的看法？你认为她成为妇女运动的领导人后为何还会频繁地提起这段经历？

　　4. 贝蒂在高中写自传《犹在镜中》时写道,她的长期目标是"恋爱,被一个人爱和被人需要"以及"生孩子"。但她想要的更多:"我想在我的人生里做一些事——有一个兴趣爱好。我想要成功和声望。"根据她的家庭生活以及她对母亲的观察,哪些因素致使她产生了这些想法？

2 探索精神生活

　　1. 描述一下史密斯学院,包括它的地理位置、规模、学生人数、学习和生活环境。对贝蒂来说，史密斯学院的生活与伊利诺伊州皮奥里亚市的生活有哪些相似之处？又有哪些不同？

2. 在史密斯学院的第一学期，贝蒂因为她的犹太人身份而遇到了问题。这段经历如何使她更为自信并唤起她的政治意识？

3. 为何詹姆斯·吉布森和多萝西·沃尔夫·道格拉斯的课程对贝蒂·弗里丹的学习经历来说特别重要？你觉得这些课程在哪些方面影响了弗里丹，使她提出要维护女性权利？

4. 在《此前一生》中，弗里丹说她在史密斯学院所受的教育使她"无可避免地产生了一种社会道德"和"不可推卸的政治责任感"，这是这段经历带给她的深远的影响。在史密斯学院的最后两年里，她以何种方式履行了这种责任感？请从她在《史密斯学院联合新闻》和《史密斯学院月刊》担任编辑的经历以及她在高地民众学校参加暑期项目的经历中选取两三个例子阐述一下。

3 为革命工作

1. 在《联邦新闻》工作如何满足了贝蒂"为革命工作"的目标？《联邦新闻》的政治立场是什么？其订阅者是谁？这份报纸旨在提升谁的权利？在 20 世纪 40 年代，为什么这份报纸对罗斯福政府的政策至关重要？

2. 在《联邦新闻》，贝蒂关注女工、家庭主妇和女性消费者所面临的问题。在《漂亮海报阻织不了女工的流失》一文中，她是如何陈述这些议题的？请从本章节中找出两个具体例子说明，请特别注意她对露丝·扬的采访。

3.《美国电气、无线电、机械工人联合会为女工而战》代表贝蒂为女工所作的最强有力的辩护。你能找到哪些最具说服力的例子？回顾一下"美国电气、无线电、机械工人联合会专为女性设置的项目"。哪些观点与女权运动相关？其中有没有哪些观点与当今社会仍有关联？

4. 1974 年，弗里丹为《纽约》杂志撰写了《往日情怀——1949》一文。她声称，作为一名激进分子，从某种程度上来说她并不关心女权。相反，她和其他激进分子都只关心黑人以及工人阶级的权利以及麦卡锡主义和众议院非美活动委员会所带来的侵蚀性影响。基于本章有关她为《联邦新闻》及《UE新闻》所撰文章的内容，你认为弗里丹在 1974 年作出的声明是否准确？为什么？请举例说明。

4 家庭的束缚

1. 在高中高年级时，贝蒂已经决定要结婚生子，并在家庭之外用有一个能给她带来"成功和名誉"的"兴趣"。在 20 世纪 40 年代末和 50 年代初，她是如何实现这些目标的？当她试着将为人妻、为人母的角色与自由撰稿人的职业相结合，她面临着哪些挑战？

2. 1974 年，弗里丹写道："自己做木工活儿和下厨所带来的真实感和快乐以及使学校董事会和社区政策发生变化所带来的令人惊讶的效果，都或多或少地比让人晕头转向甚至危险的世界革命更为真实和安全。"简言之，郊区生活和孩子成了她以及和她一样的女性确实可有所作为的"舒服的小世界"，在这里，她们"真的可以做一些与'政治'有关的事"。这篇文章虽然是针对冷战而写的，却暗指一个女人作为妻子和母亲，在家庭中比在公共领域里更有影响力。你是否同意这一说法？为什么？

3. 弗里丹在哪些方面表现得不像典型的居住在罗克兰县的郊区家庭主妇？请把她作为自由撰稿人的身份和创立并领导社区资源库的工作考虑在内。

5　揭开奥秘

1. 玛丽娜·法纳姆和费迪南德·林德伯格在《现代女性：失去的性别》（1947年）一书中提出的理论以及阿德莱·史蒂文森在1955年史密斯学院毕业典礼上所做的讲话对于弗里丹设计"史密斯学院15周年校友会匿名调查问卷"的问题至关重要。玛丽娜·法纳姆和费迪南德·伦德伯格在《现代女性》中提出的中心思想是什么？史蒂文森如何定义20世纪50年代受过高等教育的女性的角色？弗里丹对此的观点又是什么？

2. 描述一下弗里丹为写《女性的奥秘》一书所做的研究。她的信息来源是什么？至少对三类研究方法（譬如访谈、女性杂志等）的价值进行描述和评价？

3.《女性的奥秘》的核心论点是什么？贝蒂·弗里丹如何为"现代女性"剥除女性的奥秘所带来的文化束缚？

4. 在《女性的奥秘》的最后两章中，弗里丹提供了一些解决方案。对于一个住在郊区、有两三个孩子的年轻女性，弗里丹的"女性的新生活计划"有多少可行性？如果要实践弗里丹的新生活计划，需要哪些支持？

5. 尽管评论指出《女性的奥秘》仅局限于住在郊区的白人中产阶级女性的生活，但弗里丹的书仍是引发第二波女权运动的关键因素，激励了很多人成为女权主义积极分子。本章引述的哪几点原因可以解释此书的影响力？例如，弗里丹的"女性的新生活计划"会吸引工人阶级女性和有色人种女性吗？弗里丹的计划与当今社会是否仍有关联或仍被需要？

6　不情愿的女英雄

1. 1963 年年中，弗里丹与兰登书屋签订了一份图书合约，1964 年她有机会在《妇女家庭杂志》发表她的研究成果。弗里丹提出的"第四维度"是什么意思？它何以证明女性已经超越了女性的奥秘？弗里丹提出的"第四维度"的概念与其在《女性的奥秘》一书中提出的"新生活计划"有没有相似之处？如果有，相似点是什么？

2. 描述一下组成第二波女权运动的三大女性群体。弄清每一群体的人口特征和政治观点。

3. 解释 1964 年民权法案第七款对于妇女权利的意义。平等就业机会委员如何制定规定以确保消除职场中的性别歧视？

4. 在美国全国妇女组织宗旨宣言（见附录 1）中，弗里丹阐述了她的女权概念。这一概念是什么？宗旨宣言用什么方式将工人阶级女性和有色人种女性包含在内并肯定妇女权利是人权？在这份文件中缺少了哪一文化意义上的女性群体？

5. 1976 年，弗里丹声称自己和其他在 1966 年创建美国全国妇女组织的人都是"不情愿的女英雄"，她们"身为女性，和每一位女性一样"。你认为弗里丹是一位不情愿的英雄吗？请举例说明。

7　未完成的革命

1. 1966 年夏天，弗里丹决定将职场中的性别歧视列为美国全国妇女组织的唯一议程。美国全国妇女组织所攻击的四大领域是什么？美国全国妇女组织的行动有何成果？

2. 美国全国妇女组织妇女权利法案（见附录 2）的诉求是什么？女性要求合法堕胎和通过《平等权利修宪案》为什么会被视作 20 世纪 60 年代"最具革命性"的诉求？这些要求在今天仍被认为具有革命意义吗？

3. 妇女解放运动中的女权主义者如何定义性别政治？为何她们相信"提升意识"的过程是妇女解放最重要的一步？为何弗里丹不同意妇女解放团体的宣言和她们提升意识的方法？

4. 弗里丹决定反对公开支持女同性恋者的权利，因为她担心美国全国妇女组织会被人们认为是"反男性的"。存在哪三个负面效果？弗里丹的哪些行动冒犯了美国全国妇女组织中的女同性恋者？她的哪些行为使她无法再继续就任美国全国妇女组织的主席？

5. "为平等而罢工"是女权运动的高潮，而它的成功应直接归功于弗里丹。请举一两个例子说明她是怎样使这个活动获得成功的。

6. 作为美国全国妇女组织的主席，弗里丹如何使组织在成立初期就获得成功？请在本章的最后几页找出两三个相关例子。

8　超越两性对立

1. 20 世纪 70 年代早期，弗里丹受到美国全国妇女组织里的女权主义者和妇女解放运动成员的排斥。作为回应，她决定用著作、海外旅行、参加其他组织以及教学作为传播和检验她的思想的新阵地。请选择两个例子来描述弗里丹的行动。在你看来，她成功了吗？为什么？请作具体说明。

2. 1968 年至 1973 年间，弗里丹为女性争取合法堕胎权而到处游说，请对此做出评价。在全国废止堕胎法协会的第一次会议上，她是如何将女性的选择权和实现个人自由的不可剥夺的权利联系起来的？"罗诉韦德案"如何立即影响了女性的生活？

3. 由于弗里丹的努力，美国国会于 1972 年通过了《平等权利修宪案》。1973 年，30 个州批准了这项法案。然而《平等权利修宪案》受到菲莉斯·施拉夫利的强烈反对。请评价一下施拉夫利关于妇女权利和女性在美国社会中的角色的设想及其行动。施拉夫利为何反对女权主义？她的支持者有哪些？她以何种方式攻击美国全国妇女组织？

9　女权主义的新领域

1. 解释全国妇女大会的动机、组织以及选择代表的方式。列入国家行动计划的 26 项决议有哪些？这些决议是否反映了弗里丹的女性与男性完全平等的思想？哪三项决议存有争议？为什么？

2. 弗里丹对女同性恋者的权利决议的声明有何意义？女同性恋者及其支持者对弗里丹的声明和接下去的投票作何反应？施拉夫利及其支持者对投票和示威作何反应？

3. 在《第二阶段》里，弗里丹提出家庭是"女权主义的新领域"。她的设想和论据是什么？弗里丹的"女权主义的新领域"这一概念如何与《女性的奥秘》、美国全国妇女组织宗旨宣言以及妇女权利法案所提出的设想和解决方案相一致？

4. 在某种程度上，弗里丹决定写《生命之泉》是因为她相信关于衰老过程的研究将成为实现女性完全平等的权利的另一维度。为何她会提出这一设想？她关于衰老过程的研究工作和她在 20 世纪 70 年代至 80 年代与母亲的关系有何关联？

5. 在伍德罗·威尔逊国际学者中心和"新理论模式项目"中,弗里丹继续探索家庭这一女权主义的新领域。这些项目如何与她此前的著作以及女权主义思想相呼应？这些议题与当今社会有多大关联？

6. 2006 年 2 月 4 日,弗里丹逝世。在你看来,她对于妇女权利、第二波女权运动以及第三波女权运动的议题所作出的最大贡献是什么？

资 料 来 源

贝蒂·弗里丹的作品

任何有关贝蒂·弗里丹的研究都是从她发表的著作开始的。弗里丹出版了五本书,每一本都针对女性所面临的具体问题而写,并提出解决方案。其主题及诠释都能折射出弗里丹的经历和态度。因此,这些作品不单是对第二波女权运动的议题、行动以及随即而来的保守主义高涨势头的记录,也是自传式的评论。当我们完整地看待她的作品,就会发现弗里丹是始终如一的:她相信女性受到男性和社会的不平等对待,她认为,要终止这种二等地位须经由公共政策和立法的改变,并同男性平等协作。弗里丹首先在《女性的奥秘》(The Feminine Mystique, New York: W. W. Norton & Company, 1963)中提出这一论点,这也成为了她对现代妇女运动最知名、最重要的贡献。她继续在《它改变了我的生活》(It Changed My Life, New York: Random House, 1976)加以阐述,讲述了那些妇女运动的激荡岁月里的"她的故事"。在接下来的两本书《第二阶段》(The Second Stage, New York: Summit Books, 1981)及《超越性别:工作与家庭的新政治学》(Beyond Gender: The New Politics of Work and Family, Washington, D. C.: Woodrow Wilson Center Press, 1997)中,弗里丹对后女权主义时代作出回应,她辩称家庭是"女权主义的新领域"。在这两本书里,弗里丹秉承一贯的主题:真正的平等需要男女共同承担家庭的经济负担,共同增加家庭收入,而要"做到这一点"则需要"有利于家庭生活"的支持系统,比如由公共财政支持的儿童保育服务。在《生命之泉》(*The Fountain of Age*, New York: Simon & Schuster, 1993)中,弗里丹发展了她的论点,认为社会不应当把65岁以上的人群边缘化,呼吁真正的平等。她的书是最早提出这一观点的作品之一。《此前一生》(*Life So Far*, New York: Simon & Schuster, 2000)是弗里丹的自传。尽管她在此书中重复了很多早前作品提过的观点,但本书揭示了弗里丹生活中至关重要的东西,因此仍有研究价值。

弗里丹的文章,包括已发表的和未发表的,都被收藏在亚瑟与伊丽莎白·施莱辛格美国妇女历史图书馆(Arthur and Elizabeth Schlesinger Library on the History of Women)中。为了写这本传记,查阅这些文章很关键。比如,弗里丹在高中时就写了一篇自传作为英语作业。通过这篇名为《犹在镜中》("Through a Glass Darkly")的自传文章,可以了解17岁的她如何看待自己、父亲、母亲以及朋友。这些文件对研究她的早年生活很重要,也为本书所用。

弗里丹的文章还包括她在史密斯学院期间发表的和未发表的作品。本书使用过的文章包括《学习分数,我们就知道分数》("Learning the Score, We Know the Score")和《工作与写作——一项高地人计划》("Work and Write —— a Highlander Project"),这两篇文章都是弗里丹在高地民众学校参加暑期项目时写的。还有一篇是《替罪羊》("The Scapegoat"),该文用虚构的手法描述了弗里丹在史密斯学院的第一年对于自己的犹太人身份的挣扎。尽管这篇文章未被本书使用，但它仍然是一份重要的资料。

最后，弗里丹的私人文章也提供了一些别的视角以了解她创作《女性的奥秘》的过程。"史密斯 1942——15 年之后"聚会时发放的 200 份问卷调查中有 20 份被保存在缩微胶卷上，很明显，这些资料体现了弗里丹的核心结论。更重要的是，弗里丹自己完成的问卷也在，她的回答能帮助我们理解她的态度、经济上的挣扎以及 1957 年时身为妻子和母亲的顾虑。此外，弗里丹原打算发表有关史密斯调查的文章，其多份草稿也包括在这些文件里。通过读这些文章以及《女性的奥秘》的多版草稿，我得以了解弗里丹写书时的思考过程。同样重要的还有 1963 年 2 月 6 日格尔达·勒纳寄给弗里丹的信，这封信的内容也被本书所用，勒纳巧妙地指出弗里丹的《女性的奥秘》的优点和缺憾。

作为一位公众人物，弗里丹写了很多文章。她为《联邦新闻》所写的文章被收藏在哥伦比亚大学的珍贵图书及手稿收藏馆（The Rare Books and Manuscript Collection），她在《UE新闻》发表的文章可以从宾夕法尼亚州匹兹堡市的美国电气、无线电和机械工人联合会档案中查到。

有关贝蒂·弗里丹的传记和传记体文章

关于弗里丹的两本主要传记是丹尼尔·霍罗威茨（Daniel Horowitz）写的《贝蒂·弗里丹和〈女性的奥秘〉的完成》（*Betty Friedan and the Making of The Feminine Mystique*，Amherst：University of Massachusetts Press，1998）和朱迪思·亨尼斯（Judith Hennessee）写的《贝蒂·弗里丹：她的生活》（*Betty Friedan: Her Life*，New York：Random House，

1999)。但这两本书都未经"授权",弗里丹称两位作者"完全搞错了"。

但是,霍罗威茨和亨尼斯的作品都作出了相当大的贡献。文化历史学家霍罗威茨认为弗里丹的女权主义不仅植根于 20 世纪 50 年代的郊区,也深植于 40 年代的劳工激进主义。他的观点不无说服力。为了证实这一点,霍罗威茨把注意力放在《女性的奥秘》发表前弗里丹的生活。从某种程度来说,他以下这些资料为基础:雷切尔·鲍尔比(Rachel Bowlby)所作的《莫名的问题:重读弗里丹的〈女性的奥秘〉》("No Name Rereading Friedan's *The Feminine Mystique*"),该文发表在《女权主义评论》(*Feminist Review*,1987)上;苏姗·哈特曼(Susan Hartman)所作的《女性就业与冷战时期的理想家庭》("Women's Employment and the Domestic Ideal in the Early Cold War Years");乔安妮·迈耶罗维茨(Joanne Meyerowitz)所作的《超越女性的奥秘:对战后大众文化的再评价(1946 - 1958)》("Beyond The Feminine Mystique:A Reassessment of Postwar Mass Culture,1946 - 1958")。哈特曼和迈耶罗维茨的文章被收录在迈耶罗维茨的《不是琼·克利弗:战后美国的女性与性别(1945 - 1960)》(*Not June Cleaver: Women and Gender in Postwar America*,*1945 - 1960*,Philadelphia:Temple University Press,1994)中。

朱迪思·亨尼斯是一位记者,她决心要写一本准确的弗里丹传记,但她的作品未达成她的目标。亨尼斯的作品的价值在于她采访了弗里丹的家人、朋友和敌人。以此书为资料来源的缺陷在于,亨尼斯只交代了斗争的细节,却没有客观地强调第二波女权运动中更大的问题与冲突。这两本传记都是本书的有用资料。霍罗威茨的作品有助于评价弗里丹在大学和当劳工记者的经历；而亨尼斯的作品则有助于了解弗里丹的私生活以及她与家人、朋友、女权主义者互动的细节。

有关弗里丹的访谈和档案都细节丰富、见解深刻。最常被选集收录和为学者所用的是玛西娅·科恩（Marcia Cohen）的《如果他们不喜欢我》（"If They Don't Like Me"）和《女性的奥秘》（"The Feminine Mystique"），这些文章被收录在《姐妹之谊：改变世界的女性的真实故事》（The Sisterhood: The True Story of the Women Who Changed the World, New York：Simon & Schuster, 1988）中。另一资料是杰奎琳·范·沃里斯（Jacqueline Van Voris）的《史密斯百年研究：口述历史项目：史密斯马赛克》（The Smith Centennial Study: Oral History Project: A Smith Mosaic, Northapton：Smith College, 1975）。有关弗里丹的更为全面的资料是《贝蒂·弗里丹访谈录》（Interviews with Betty Friedan, Jackson：University Press of Mississippi, 2002）。这本书收录了 36 年（1963～1999）内的 22 次访问，发表这些访谈的刊物非常多元，包括《纽约时报》、《职业妇女》（Working Woman）和《花花公子》（Playboy）。按顺序读完，你会发现这些访谈勾勒出了一张弗里丹的激进主义的发展线路图以及其艰苦奋斗的过程。对本书而言，最有用的访谈文章是玛丽莲·弗伦奇（Marilyn French）的《贝蒂·弗里丹的解放》（"The Emancipation of Betty Friedan"）、林恩·托纳本（Lyn Tornabene）的《贝蒂·弗里丹的解放》（"The Liberation of Betty Friedan"）、玛丽·沃尔顿（Mary Walton）的《再一次走向壁垒》（"Once More to the Ramparts"）以及保罗·威尔克斯（Paul Wilkes）的《母亲胜过妇女解放运动》（"Mother Superior to Women's Lib"）。

第二波女权运动

　　有关第二波女权运动的文献资料非常丰富和多元。在此,仅有选择性地列出与弗里丹的感召力、问题、影响最相关的资料来源。

通史

　　以下文献对弗里丹与第二波女权运动的复杂性作了客观、清晰、深刻的分析:威廉·H. 查菲(William H. Chafe)的《变化的悖论》(*The Paradox of Change*, New York：Oxford University Press, 1991);露丝·罗森(Ruth Rosen)的《撕裂的世界：现代妇女运动如何改变了美国》(*The World Split, Open, How the Modern Women's Movement Changed America*, New York：Viking Penguin Putnam, Inc. , 2000);希莉娅·托拜厄斯(Shelia Tobias)的《女性主义面面观：一位活动家对妇女运动的反思》(*Faces of Feminism: An Activist's Reflections on the Women's Movement*, Boulder：Westview Press, 1997)。作为妇女运动的参与者,罗森和托拜厄斯拥有她们所参与的重大活动的经验以及女权主义者的人脉关系网。她们两人都对问题与冲突进行了客观、清晰的陈述。南希·沃洛奇(Nancy Woloch)对弗里丹的评价很有批判性,并在《女性与美国经验》(*Women and the American Experience*, Boston：McGraw Hill, 2006)的后几章里对第二波女权运动作了非常好的综合分析。伊莱恩·泰勒·梅(Elaine Tyler May)在《家庭的束缚：冷战时期的美国家庭》(*Homeward Bound: American Families in the Cold War Era*, New York：Basic Books, 1999)中对国内遏制政策的分析也被本传记所引用。

　　第二波女权运动的其他参与者所写的重要著作还包括弗

洛拉·戴维斯(Flora Davis)的《移山：美国 1960 年以来的妇女运动》(*Moving the Mountain: The Women's Movement in America since 1960*，New York：Simon & Schuster，1991)；萨拉·埃文斯(Sarah Evans)的《个人政治学：民权运动与新左派中的女性解放的根源》(*Personal Politics: The Roots of Women's Liberation in the Civil Rights Movement and the New Left*，New York：Knopf，1979)和《浪潮：世纪末的女性如何改变美国》(*Tidal Wave: How Women Changed America at Century's End*，Free Press，2003)；埃斯特尔·B.弗里德曼(Estelle B. Freedman)的《没有回头：女权主义的历史和女性的未来》(*No Turning Back: The History of Feminism and the Future of Women*，New York：Ballantine Books，2002)；乔·弗里曼(Jo Freeman)的《妇女解放运动：目标、结构和思想》(*The Women's Liberation Movement: Its Aims, Structures, and Ideas*，Pittsburgh：KNOW, Inc.，1971)和《妇女解放的政治学：新兴社会运动及其与政策过程的关系的案例研究》(*The Politics of Women's Liberation: A Case Study of an Emerging Social Movement and Its Relationship to the Policy Process*，New York：Longman，1975)；苏珊·哈特曼(Susan Hartman)的《大后方与战区：20 世纪 40 年代的美国妇女》(*The Home Front and Beyond: American Women in the 1940s*，Boston：Twayne，1982)和《从边缘到主流：1960 年以来的美国女性和政治》(*From Margin to Mainstream: American Women and Politics since 1982*，New York：Alfred A. Knopf，1989)。

与弗里丹有关的话题

像弗里丹一样，其他女权主义者也出版了回忆录。其中与弗里丹的作品形成对比的有苏珊·布朗米勒（Susan Brownmiller）的《在我们的时代》（*In Our Time*，New York：Dial Press，1999）；格尔达·勒纳（Gerda Lerner）的《杂草：一部政治自传》（*Fireweed: A Political Autobiography*，Philadelphia：Temple University Press，2002）；格洛丽亚·斯泰纳姆（Gloria Steinem）的《骇人的行动和日常反抗》（*Outrageous Acts and Everyday Rebellions*，New York：Holt，Rinehart，and Winston，1983）。由罗宾·摩根（Robin Morgan）选编的那一时期的选集《姐妹之谊有力量》（*Sisterhood Is Powerful*，New York：Vintage，1970）是必读书目。

有关美国全国妇女组织的确切历史尚待完成。已故的弗朗西丝·科尔布（Frances Kolb）曾着手撰写《美国全国妇女组织：头十年的历史》（"The National Organization for Women: A History of the First Ten Years"）。她未发表的手稿和录音集（1979～1981）被收藏在亚瑟和伊丽莎白·施莱辛格美国妇女史图书馆。未被列入"官方历史"的是托尼·卡拉比洛（Toni Carabillo）的《女权主义者编年史，1953 – 1993》（*The Feminist Chronicles, 1953 – 1993*，Los Angeles：Women's Graphics，1993），这一资料同样可在网上获得。卡拉比洛的作品对于本书有很大帮助，她详细记述了弗里丹任美国全国妇女组织主席时组织的活动。

阅读主要的女权主义宣传手册可以提供一个背景以理解弗里丹为何反对性别政治。在第二波女权运动中被广为阅读和饱受争论的作品有杰西·伯纳德（Jessie Bernard）的《婚姻的未来》（*The Future of Marriage*，New York：Bantam Books，1978）；卡洛琳·伯德（Caroline Bird）的《生为女性》

(*Born Female*, New York: Pocket Books, 1969)；舒勒密斯·弗尔斯通(Shulamith Firestone)的《性别辩证法：女性主义革命案例》(*The Dialectic of Sex: The Case for Feminist Revolution*, New York: Morrow, 1970)；杰曼·格里尔(Germaine Greer)的《女太监》(*The Female Eunuch*, New York: McGraw Hill, 1972)；凯特·米利特(Kate Millett)的《性别政治》(*Sexual Politics*, New York: Avon, 1971)；吉尔·约翰逊的《同性恋国家：女权主义者的方案》(*Lesbian Nation: The Feminist Solution*, New York: Simon & Schuster, 1973)；狄-格雷丝·阿特金森(Ti-Grace Atkinson)的《亚马逊·奥德赛》(*Amazon Odyssey*, New York: Links Books, 1974)；阿德里安娜·里奇(Adrienne Rich)的《女人所生》(*Of Woman Born*, New York: W. W. Norton & Co., 1976)；苏姗·布朗米勒(Susan Brownmiller)的《事与愿违》(*Against Our Will*, New York: Bantam Books, 1976)。

了解反女权主义的议题和政治同样很重要，显然应从菲莉斯·施拉夫利(Phyllis Schlafly)的《积极女性的力量》(*The Power of the Positive Woman*, New York: Harcourt Brace Jovanovic, 1978)开始。有两本传记都刻画了施拉夫利的私生活和公共生活的细节：卡洛·费尔森塔尔(Carol Felsenthal)的《大多数沉默者的甜心：菲莉斯·施拉夫利传记》(*The Sweetheart of the Silent Majority: The Biography of Phyllis Schlafly*, Chicago: Doubleday & Co., 1981)和唐纳德·克里奇洛(Donald Critchlow)的《菲莉斯·施拉夫利和草根保守主义》(*Phyllis Schlafly and Grassroots Conservatism*, Princeton: Princeton University Press, 2005)。苏姗·法鲁蒂(Susan Faludi)的《集体抵制：对美国妇女不宣而战》

(*Backlash: The Undeclared War Against American Women*, New York：Anchor Books,1991)审视了20世纪80年代再现的反女权主义。法鲁蒂在一定程度上以《第二阶段》为证指出20世纪80年代早期的弗里丹几乎已经成了一个反女权主义者。有关《平等权利修宪案》未被批准的情况可参见玛丽·弗朗西丝·贝里(Mary Frances Berry)的《〈平等权利修宪案〉为何失败：政治、妇女权利及宪法修订过程》(*Why ERA Failed: Politics, Women's Rights, and the Amending Process of the Constitution*, Bloomington：Indiana University Press,1986)和简·J.曼斯布里奇(Jane J. Mansbridge)的《我们为什么失去了〈平等权利修宪案〉》(*Why We Lost the ERA*, Chicago：University of Chicago Press,1986)。

原始资料

虽然本书未使用第二波女权运动的原始资料和个人陈述,但如果少了这些,任何有关弗里丹的研究都是不完整的。值得一提的有唐·基特利(Dawn Keetley)和约翰·佩迪格鲁(John Pettegrew)编写的《公众女性、公众言论：美国女权主义的记录历史,第3卷,1960年至今》(*Public Women, Public Words: A Documentary History of American Feminism*, vol. 3. 1960 to the Present, Madison：Madison House,2002);罗赛·巴克森德尔(Rosayn Baxandall)和琳达·戈登(Linda Gordon)编写的《亲爱的姐妹们：来自妇女解放运动的快讯》(*Dear Sisters: Dispatches form the Women's Liberation Movement*, New York：Basic Books,2000);邦尼·沃特金斯(Bonnie Watkins)和尼娜·罗斯查德(Nina Rothchild)编写的《在女同胞的陪伴下：妇女运动之声》(*In the Company of*

Women: Voices from the Women's Movement, Minneapolis：Minnesota Historical Society Press, 1998）；雷切尔·布劳·德普莱西克斯（Rachel Blau DePlessix）和安·斯尼托（Ann Snitow）编写的《女权主义者回忆录计划》(*The Feminist Memoir Project*, New York：Three Rivers Press, 1998）。最近的是创立于 2006 年的网络资源库"'第二波'及以后：女性与社会运动社区"（The "Second Wave" and Beyond：Women and Social Movements Community）。这一资源库的目标是"将女权主义思想家、学者和活动家聚在一起,分析有关女权主义行动及理论的紧迫问题,确定这一时期历史研究的新方向,为发表传统文章提供一个新的空间,也借助在线发表的渠道提供写作和记录历史的新空间"。为其担任编辑的是斯蒂法妮·吉尔摩（Stephine Gilmore）、朱迪斯·伊齐基尔（Judith Ezekiel）、金伯利·斯普林格（Kimberly Springer）和谢里·L. 巴恩斯（Sherri L. Barnes）。网站由亚历山大街出版社（Alexander Street Press）赞助（http：//scholar. alexanderstreet. com）。

这些人创造了美国历史！

《美国传记》，了解美国历史的最佳入门读物

坐牛：拉科塔族的悖论（第2版）   978-7-5520-0120-4/K·166

坐牛是拉科塔人的勇士，是印第安文化的守护者，他的奋斗体现了拉科塔族独立的困境。本书选取了一个全新的视角来讲述坐牛的故事，从而反思了美国主流文化的意义和诉求。

978-7-5520-0150-1/K·172

贝蒂·弗里丹：个人即政治

贝蒂·弗里丹是《女性的奥秘》的作者，是全国妇女组织的创建者，她的人生就是一部女权运动史。本书以细腻的文笔描绘了这位学者、记者和活动家的个人生活和政治生涯，并清楚地解释了第二波女权运动中的复杂命题。

罗伯特·F.肯尼迪：美国理想主义的终结   978-7-5520-0151-8/K·173

罗伯特·F.肯尼迪是约翰·肯尼迪总统的亲弟弟，是肯尼迪政府的司法部长，是纽约州参议员，是民主党总统候选人的热门人选，他引领着美国经历了20世纪最具划时代意义的几个大事件，他的死亡代表着美国理想主义的终结。

978-7-5520-0154-9/K·176

安妮·哈钦森：清教徒预言家

安妮·哈钦森是一个虔诚的清教徒，是一个追求公民自由和信仰自由的先知。本书分析了人们反对哈钦森的原因以及她自己的回应，讨论了她对于美国历史的影响力。

雨果·L.布莱克：美国自由主义的困境   978-7-5520-0156-3/K·178

雨果·L.布莱克是美国首席大法官，在法律史上备受争议。本书在叙述布莱克的故事时抓住了的几个主题：产业主义、移民和帝国主义，能让读者更深入地了解美国的自由主义以及公民自由权利和国家利益之间的矛盾。

978-7-5520-0153-2/K·175

埃莉诺·罗斯福：私生活和公共生活

埃莉诺·罗斯福是富兰克林·罗斯福总统的夫人，是一个热心于社会改革的政治家。本书细腻地描写了第一夫人的私生活和公共生活，尤其关注她对于平等权利的立场、她在二战期间的活动以及她在战后奉行的自由主义。

艾玛·戈德曼：美国个人主义   978-7-5520-0155-6/K·177

艾玛·戈德曼是著名的无政府主义者和女权主义者，是美国历史上最具争议、最激进的人物之一。戈德曼对宗教、政府、私有财产在美国的合法性提出了质疑，她的人生就是一部美国激进主义的发展史、公民争取自由的斗争史和记录外交政策变化的外交史。

978-7-5520-0152-5/K·174

杰基·罗宾逊：美国困境

杰基·罗宾逊是第一个进入美国职业体育联盟的黑人。他冲破了棒球场上的种族障碍，迫使大众直面对一个一直存在于美国社会的困境：美国理想中的自由和平等与现实中的种族偏见、种族隔离和种族歧视之间的脱节。

图书在版编目(CIP)数据

贝蒂·弗里丹：个人即政治/(美)奥利弗著；钱亚楠，黄诗韵译.—上海：上海社会科学院出版社，2012

(美国传记)

书名原文：Betty Friedan：The Personal is Political

ISBN 978 - 7 - 5520 - 0150 - 1

Ⅰ.①贝…　Ⅱ.①奥…　②钱…③黄…　Ⅲ.①弗里丹，B.(1921～2006)—传记　Ⅳ.①K837.127=6

中国版本图书馆 CIP 数据核字(2012)第 209936 号

贝蒂·弗里丹：个人即政治

作　　者：[美]苏珊·奥利弗

译　　者：钱亚楠　黄诗韵

责任编辑：应韶荃

封面设计：闵　敏

出版发行：上海社会科学院出版社

　　　　　上海淮海中路 622 弄 7 号　电话 63875741　邮编 200020

　　　　　http://www.sassp.org.cn　E-mail：sassp@sass.org.cn

排　　版：南京展望文化发展有限公司

印　　刷：上海信老印刷厂

开　　本：850×1168 毫米　1/32 开

印　　张：6.5

插　　页：2

字　　数：146 千字

版　　次：2013 年 8 月第 1 版　2013 年 8 月第 1 次印刷

ISBN 978 - 7 - 5520 - 0150 - 1/K · 172　　　　定价：22.00 元